精神病患者会作業所自治会をめざそう

日ノ岡荘みんなの部屋の物語

前進友の会やすらぎの里作業所
江端一起

千書房

もくじ

序章　作業所患者自治会をめざしてみませんか

精神病患者会を『遺す』こと『残す』こと

作業所通所者自治会
デェイケア通院者自治会
グループホーム入居者自治会
をめざしてみませんか。

拡く更に拡く、遠くへ更に遠くへ、深く更に深く

できるだけ遠く、患者会のタネを撒きたいのです。
できるだけ拡く、患者会のタネを撒きたいのです。
できるだけ深く、患者会のタネを撒いておきたいのです。
「遺し」「残す」サイゴの努力と言ったら良いのか。
それとも、
「残す」に集中した
できるだけ遠くへ、できるだけ拡く、できるだけ深く、
サイゴのタネを撒きたい、、、と言ったら良いのか。
そういうことなのです、、、、

タネを撒いても、芽が出るかどうか、わかりません。
芽が出ても花が咲くかどうかわかりません。
芽が出て花が咲いても、実が成るかどうかわかりません。
そもそも、タネを撒こうとする試みがうまくいくかどうかも、わかりません。

それでも、
できるだけ遠くまで、
できるだけ拡く、とても拡く拡く、
できるだけ深く、本当に深く深く

患者会のタネを撒くことはできないものかと思っています。

さもないとさもないとさもないと、、、精神病患者会の歴史自体が、存在自体が、
ただ乗りされて乗っ取られて、挙句に、全く、無かったコトにされてしまう。

では反共同作業所反デェイケア反グループホームという旗は降ろすのですか？
精神病院や作業所、デェイケア等々を無くすんだという旗は
降ろすのですか？

そうです降ろしてもよいのです。

反共同作業所反デェイケア反グループホームのままで、
共同作業所自治会をめざすのは、

とてもとても、ゲンジツにはムリであるのならば、
大胆に降ろしてもよいのです。
降ろします。
降ろしてまでも、、、、、
そしてそして、今まで対立してきたトコロともハナシをしてみたいと想うのです。
ゲンジツに実質的な患者会を『遺し』『残す』ことが最も大事なことですから
「タネを撒いて」おきたいのですから、、、

しかし、それでは患者会ではなくなるのでは?
患者会としては変質した姿では?
そうおそらく、問われるでしょう
だから「患者会とはナンなのダ」にまとめてみて
前進友の会の歴史を見直してみて
対立の歴史をも見直してみて、ハナシ合いを重ねながら、
「精神病患者会とはナンなのカ、ナンでアッタのか、ナニでアロウとしたのか」
を見つめなおし、見直し、問い直すことができ得れば、
おのずから、判断でき得るだろうと、、、
だからそのために、今まで対立してきた古手のトコロの皆さんにも、
呼びかけをしたいなと想いました。
そして、チョットは少しは距離感がありながらも、長年にわたって

愉しく交流を重ねてきた作業所の皆さんと、
患者会にとても近い取り組みをされていると、かねがね思ってきた、
確かにこれだけの取り組みをしているという
作業所やデェイケアやグループホームの病者の皆さんに、
またスタッフの皆さんにも、集まって話をしていただいて
参加された皆さんに提起してみたいのです。
皆さんで判断してみてください。
やりたいと思われたなら、やるべきだと思われたなら
是非とも挑戦してみてください。

歴史に、マットウに遺せたなら、滅んでいっても良かったのです。でも、歴史を意識的に歪めるコトがまかり通るようになってしまったからです。恐ろしいことだ。だからこそ、今まで、対立をしていたようなトコロともハナシをしてみたいと、思っています。

精神病患者会を『遺し』『残す』ために、ね、、、

ゲンジツに根差しセーカツに根差し地を這うように活動をし続けてきたからこその、今のいま時にクルシみながらの決断なのです。

原則と基盤の矛盾を矛盾として認めそのビミョーなセーカツの上にこそジッサイの患者会が成り立っていたからです。

今やなかまたちが高齢化して、ドコも受け入れてくれず、結局は精神病院に死にに戻って行くからです。生保を下げられ、今の世の中の実はナンの思い入れもない儲け中心の株式会社や、まっこと貧困ビジネスそのモノへ、病者を行政がベンリに振っていっているからです。だから、そんな砂漠のような地域の福祉施設乱立の中で、退院しようとしても、アパートを探すのも難しく、グループホームを探しているからです。ヘルパーと訪問看護を入れなければ、余りに病気が重た

くクスリも抜けず、それでもなお、自立して生きたいからです。生き延びなければならないからです。

弱いものは、集まらなければ生きられないからです。団結しなければ生き延びられないからです。そしてジッサイにたくさんの病者が作業所やデェイケアに居場所として集まって生きているのなら、ソコを自分たちの居場所を、少しでも、より少しでも、行きやすい生きやすい場にしていくためなら、通所者自身の自治会が在って、ソコから発言して少しでも自らが行きやすい生きやすい場にしていく取り組みがあって、しかるべきではないですか、それが通所者自治会であり、それが、精神病患者会運動を『残せる』場であるならば、、、少なくとも、作業所に通所しているんだ、デェイケアに通院しているんだ、グループホームでセーカツしているんだ、という、そう云う自覚を持った病者のみなさんが、持たざるを得なかった精神病患者のみなさんが、まずは、ソコに居るのですから、、、たくさんいるんですから、とてもとても大事なことです、そしてそれは、まず団結していけるキッカケになるはずだと思ったからです。

今や、作業所とデェイケアばかりになってしまった上に、余りに余りに酷過ぎる作業所が増えすぎ、特に自立支援法以降、余りに経営的で、余りに金儲け第一主義のなんの思い入れもない「株式会社」ミタイな作業所が山のようにでき、腐った若手「起業家」が「実業家」が、儲けるためだけに就労継続支援B型やA型をやり始め、思い入れのある古くからの作業所がツブレかけ、それは家族会系の作業所も含めて、思い入れのあるスタッフも、そして通所していた精神病者が本当に行き場を失い困っているからです。通所している病者がまるで、『家畜』のように、そういった作業所の経営者から扱われているからです。しかも儲からなくなったらいきなり倒産してしまう。あるいは、専門職等々の資格を持った起業家企業家の乗っ取りもアルからです。

そもそも前進友の会がその長い歴史の中で、やすらぎの里共同作業所の設立母体運営主体でありつつも、ある時から、ジッサイのトコロ通所者自治会的側面も強くなってきたゲンジツもあるからです。

発達障害概念が広まり『健病者』のような奴らが大手を振ってまかりとうり、おもたい精神病者がドンドンおいていかれるからです。少なくとも、「作業所通所者自治会」なら、精神病の作業所に通所せざるを得ない、あるいは通所したい、そういう自覚を持った、あるいは、自覚を持たざるを得なかった病者が精神病患者がソコにいるはずなのです。それは、精神のディケアもグループホームも、そうであろうと想います。『健病者』で一般就労できる人々や、一人で活動できてしまう『健病者』は、おそらく、ココには、いないハズなのです。どんなに頑張ったってクスリもゼロには、とてもじゃないがなり得ない、そしてそして、『一般就労』ナンてとてもでき得ない、そんな病者が集まっているトコロ、そして、キーサンたる自覚が生まれざるを得ない、ソコの場所から出発するのです。

更に言えば、コンな言い方では、かえって失礼かもしれませんが、『作業所』や『デェイケア』だけではない、そう、『サロン』という在り方にも、えばっちは、期待を持っています。そうなのです。福祉的な就労モノの前に、集まれる場所があることは、いいことですよ。だから、ホンと病者が何人かで集まっているところなら、すべて、すべて、可能性を秘めています。そう、サロンの利用者自治会として意見を出しながら、サロンの食事会やレクを楽しむところから始めませんか。いや、「自治会」というコトバにこだわることもないのだ。自然な流れの中で、月に一度でも、週に一度でも、時間をこしらえて、ミーティングでもしてみて、そのサロンでやってみたいことや、食べてみたいものや、行ってみたいところを自分たちで意見を出しあって、決めてみたらどうだろうか。自らの病気のことを語り合ってみたらどうだろうか。そのミーティングを「みんなの会の時間」とでも、言えばいいのだから、、ソコにすこしだけ、ほんの少しだけ、『患者自身の自治』という『自分たちのことは自分たちで決めたい』という発想が生まれたり、はぐまれたりしてはこないだろうか。ドウでしょうか。自治の難しさも、大事さも、そしてなにより、なかまとしての自覚も、キチガイとしての自覚も生まれてはこないでしょうか。試してみる価値はないのだろうか。ただ、『サロン』には、危うい一面もまたアルのでしょうが、、、期待を持ちたいのです。

今や「ごかい」が解散してしまい、いったい、「天上天下病者反撃」に一緒に書いたなかまの患者会で、残っていてるのはどのくらいアルのか。もうほとんどなくなってしまっているのではないか。いや、もうほとんどなくなってしまいました。寂しいです。

歴史的には、精神病院の入院患者自治会から、第一次患者会運動が始まった側面も強いからです。

歴史的には、第二次患者会運動が消滅していく過程と、作業所デェイケアが「精神福祉」が全国に広まっていく過程とが重なっているからです。

だから、そこを逆手に取るのです。

自立支援法が発達障害概念が、第二次患者会運動に止めを刺したからです。だから、そこを逆手に取るのです。


おそらく、ゲンジツには、前進友の会のジッシツの活動は、就労継続支援B型共同作業所やすらぎの里を維持できなくなった時に、終焉を迎えるだろうからです。

えばっち、なーーんや、そんなことは、うちはもうとーーうのムカシに試したで、試して上手くいかかったんや、うまくいかんもんやでーーという声が聞こえてきそうです。そうです、そういう取り組みもあったはずです、そのうまくはいかなかった取り組みを教えてください、話してください。おそらくそれは、そういう取り組みをしようとしていたトコロだからこそ、それは、きっと、スタッフ側はやる気だったのに、通所者側が、しんどくなっていったのでは、、、と想います。しんどくなって続かなかったのでは、、、と想うのです。チガッていますか。そうそれが、患者会が消滅していった大きな大きな問題、課題だったのです。第二次患者会運動が、消滅していったのは、シッパイしていったのはおそらく、社会復帰路線の作業所やデェイケア流行りだけの外的な状況だけではないのです。自治するというのは、恐ろしく手間隙も時間も金も労力も人力もタイヘンなのです。『自主自立自尊自衛自治』は、『民主主義』は、時間も手間もかかる、タイヘンな取り組みナンデスヨ、実は。そうだから、おもたい病者こそが、参加するのはタイヘンなコトなのです。なんでうまくいかなかったのか、第二次患者会運動のすぼまりとともに、見直してみて、再度挑戦してみませんか。


キチガイが生き延びるために絶対に必要なことなのです。

精神病患者会を『遺したい』のです。精神病患者

会が在って在り続け活動をし続けてきたことを『遺す』ためです。

でもそれだけじゃあない、これからも、キチガイが生き延びるためです。患者会を『残したい』のです。この世の中で、精神病患者が生き延びるには、団結しなきゃなんないんですよ。しかも、歴史の中に『遺そう』としても『遺せない』。

だからこそ、通所者自治会をめざしながら、今度は、今まで対立してきたところとも、歴史的な振り返りと、総括をしながら、問い直しをしつつ、ハナシ合いの場を持てはしないかと、願っているのです。さもないと、ナニもかも消えていってしまい、なおかつ、真実が嘘にまみれ、そして歴史的には決定的に、歪められていってしまうからです、、、

患者会を『遺す』ために、書き続けてきました。書いて書いて書き続けてきました。叫びつつけてきました。資料を史料として遺そうとし続けてきました。ありがたい場もいただいてまいりました。これからも、『遺す』努力は、やり続けたいと思います。書き続けたいと思います。できうる限り。そして、もう一つの『残す』ためにそう、できうる限りジッサイ上のジッシツの上の**患者会を『残す』ために、**一度試しに、共同作業所の通所者自治会を作ってみませんか、一度試しに、デェイケアの通院患者自治会を作ってみませんかと、具体的に提起しに来ました。そして、その実現のためなら、ドコへでも行きナンでもしようかなと、、、そう思うのです。

そして、その患者会を『遺す』『残す』サイゴの努力の取り組みの中で、今まで、歴史的に対立してきたところとも、ハナシをしてみたいと、そう思っているのです。ダメかなぁぁぁぁーー、オソスギタカナァァァーー。さもないと、ナンにもなくなっていく。さもないと、歪められていく、とそう思います。だから、、、呼びかけたいと思っています。

前進友の会やすらぎの里作業所のみんなの部屋のジッサイのセーカツを見てください。

ジッサイのセーカツを見てください。なかまたちのこえ、ハナシを聞いてください。

もちろん、シッパイもアルはずです。

もちろん、企業家起業家経営者に自治会が利用されることもアルはずです。『アリバイ作り』や『御用自治会』も生まれるでしょう。でも、それは、第二次

患者会運動でもアッタことなのです。恐れることはありません、今共同作業所に通所している病者の皆さん、スタッフとして働いている想い入れのある皆さん、一度、通所者自治会を作ってみませんか。そして自分たちの場を、もっともっと住み心地良くしていくのです。それが自治というものです。でも、手間も人力もかかります。でも、生き延びるためには必要なことなんですよ。だって、適正手続化や第三者機関化や国家資格化がいくら進んだって、『権力』と『無仁義アクジ犯』にいいようにリヨウされたら、ドウなるか、みんなソロソロ分かってきたはずです。『無仁義アクジ犯』はそれらをリヨウして逆に皆さんの居場所を、セーカツの場をツブシにかかってきたでしょう、唯一無二のなかまたちのセーカツの場を。もしかしてスタッフだけで対応しようとしませんでしたか。もし患者自治会がソコにあったら、、、通所者とスタッフとみんなで闘うのです、、いや一緒に闘えばソコには通所者自治会ができているも同然かもしれません、、、行政に対してもね、、、しかも厚生省も学会も専門職も『自治会』ならハンタイはできないはず、なんといっても、ピアですから、、、、なら、なら、なら、、、

一度、共同作業所の通所者自治会を作ってみませんか。
一度、デェイケアの通院患者自治会を作ってみませんか。
全国の就労継続支援B型作業所にもれなく、すべてに
通所者自治会を作りましょう。
全国のデェイケアにもれなく、すべてに
通院患者自治会を作りましょう。
全国のグループホームにもれなく、すべてに
入居者自治会を作りましょう。
ソコから見えて来るモノがあるはずです。

全国に通所者患者自治会を蔓延させてみませんか。

第一章　もさん列伝

精神病院でもシャバでも突き抜けた生き抜くチカラ

もさんは、80歳を超えていただろうか…

ぼくと、もさんの付き合いは長い。

もさんは、怒りん坊である。いつも、気に入らないと、怒鳴りだす。外で、道を歩いていて、うるさかったら、カラスに喧嘩を売り、そして、トラックやバスにも喧嘩を売る。

カラスにケンカを売っている姿は、スゴいものだった。

機能性難聴との診断で、障害者手帳も、持っていたが、本当に、難聴だったのだろうか、知的障害も、あると、されて、いた。

肉が大好きで、すき焼きが大好きで、ぜんざいが大好きで、川魚が大嫌いだった。

食事会がない時は、いつも近くの千成で、食べていた。千成の、すき焼き定食が贅沢だった。その千成も、店じまいをした。

今、もさんが、シャバで暮らしていたら、如何しただろう。

生きることに、貪欲で、よく、怒り、よく笑い、よく食べた。

そして、好きななかまには、徹底して、人懐こく、接するのだった。

くちゃんが、大のお気に入りで、「くちゃんは、かわいいなぁー」と言いながら、ほっぺをナデナデシュリシュリしていた。

好悪の感情が、ハッキリ過ぎるくらいにハッキリとしていて、いつも、ニクマンの中心にいるのだが、案外、誰からも、本気では、憎まれ、は、しないのだった。

何人かで、自主的に海津温泉というところに二回か、三回か、行ったことが、あるのだが、そこは、よく考えてみたら、木曽三川の交わる輪中地帯で、川魚料理が有名だった。アユや、マスや、ナマズ料理まであった。怒り出すかと思ったら、温泉に連れてきてもらった、ということで大喜びしていて、嫌いな川魚には、一切手を付けないということだけだった。怒り出すかナと思ったんだが…。

確か、海津温泉旅行の一回目の時か、えばっちの運転で、うちゃん、ふさん、そして、もさんとで行った。なまずのかば焼きが名物で、ぼくたちは喜んで食べたのだが、もさんは、「嫌いや」と言ったきり、手をつけなかった。だが、旅行自体は、とても喜んでくれて、途中で寄った養老の滝での記念写真が残っている。温泉の前で踊っている、もさんとえばっちの写真、それにうちゃんがふさんに四之字固めをかけている写真が最高である。

確か、二回目の時は、アルバイトのに君、うちゃん、うクリニックのたさん、そしてい病院に入院中の、なさんだった。なさんの退院に向けての一環ダッタところがあって、もさんも、さかんに、「連れて行ってぇなぁーつれってってぇなぁー」、と言っていたのだが、普通車の定員五人だったから、ムリだったのである。

それで、三回目だったかの海津温泉への旅は車2台で行った。えばっちの車と、そのときアルバイトスタッフだった、に君の車とで、2台である。総勢8人で行ったのか。会計はアルバイトスタッフのい君がしてくれて、い君の友人が来てくれたおかげで、ちさんと、一緒に行くことができた。入院中のなさんも、あっさり病院側が外泊を許可してくれて、今だったら家族以外はダメだと言うだろうが、このときはあっさりしたものだった。

やすらぎの里でもなく、前進友の会でもなく、アルバイトスタッフの若者2人とえばっちの勝手にやった、冒険旅行だった。

もちろん、もさんは最初から行く行くと言っていた、一番の言いだしっぺ、というか、行きたがりっぺ、なの、だった。

赤茶色の硫黄臭のする塩味のすばらしい湯だった。

地元の人たちが、廊下に、毛布を敷いて、一日中、温泉に入っていた。ぼくたち、泊まり客は、その間を、よそ者ですが、一緒に入れてください、というカンジで、入りに行くのである。

その雰囲気が、ヨカッタ。実に、リラックスなのであった。もさんも、なちゃんも、こさんも、じちゃんも、リラックスしていた。このときの記念写真はお宝ものである。

もちろん、もさんは、友の会の夏レクには、最初の参加以来、全てに参加しているのである。

どのような、場合でも、どのような、場所でも、晩御飯、朝御飯、いつも、きっちり、食べていた。

旅行が大好きで、列車が大好きで、ドライブが大好きで、えばっちに、七人乗りの車を買え、と言うのだった。何処かに行く、となれば、必ず、一緒に行くとなり、何週間も前から、荷物のシンパイをはじめるのだった。

想えば、90年代、東京の集会に行くとき、いつも一緒に行っていた。東京の集会に参加した回数は、もさんと一緒が一番多かったと思う。

だから、東京のいろんな団体が、前進友の会のもさんを、良く知っている。確か、新松にも、街にも、八王子ホットにも、もさんと、泊まっている。どんな集会や学習会でも、ニコニコして、座っていた。

ハッキリ言って、中身には一切興味はなかったと思うが、どこかに、お出かけすることが、大好き、ダッタのである。みんなの部屋の中で、東京行きのハナシが出ると、ワシも行くと、必ず言う。

新幹線も大好きだった。若い時の仕事が、機関車の火夫、つまり、機関車の缶の中に石炭をほうり込む、重労働だったから、苦労も多かっただろうけれど、とにかく鉄道に乗ってどこかに行くということが、大好きだった。

えばっちのクルマにも、たくさん乗って、よく遊びに行った。どれだけ、行ったか、ワカラナイ。車でナニか用事で、行くとなると、かならず、「乗せて行ってや」「連れて行ってや」と言いつつ、支度を始めるのだった。

2000年きっかりに、街がやった、チャンプラリズムへも、一緒に行きました。

上野でした。上野駅から、水上音楽堂まで、歩いていく途中で、確か渥美清さんの手形が、あったのです。もさんが、手を当ててみました。それが、ピッタリなんですよ、オドロキマシタ。

あれは、いい想い出だなぁぁーー
そうそう、２００２年３月２４日の、あの、観察法反対の集会と、デモにも、参加しました。あの時は、もさん、くちゃん、ざ君、と、友の会は、何人で参加したのか。

そう、確か、集会でも、発言したのでした。なかなか、凄い発言で
「も○し○○じと、言います。ら病院に何十年も入院していました、今はやすらぎの里におります」と、反保安処分集会で、ヤッタのだった。この発言の凄みが、あの集会で、どのくらい伝わったのだろうか、、、、、その後は、結構激しいデモでしたが、終わった後、もさんは、ニコニコして、解散場所の公園で、踊っていました。例の「かけがえの前進」を撮っていたころだから、あの解散場所の公園での雰囲気、映画になっていたら、ヨカッタ、と、思う。あの頃のもさんが、一番元気でニコニコしている、姿、だったと、思う。

自分一人でも、よく出かけた。

一度なぞ、新幹線で、博多まで行って、すぐ帰ってくる、ということもあったみんな、ビックリ、した。

亀岡にある、お墓には、始終行っていた。アレほど、頻繁にお墓参りに、行く人は、いない、と思う。

みんなの部屋に来たときには、もう「お墓行ってきた」と言うのである。

いつだったたかもさんに、こう言ったことがアル。

「もさん、ソンなに、お墓行くんなら、ジブンも、いずれはソコへ入るんか」と、聞いたのである。

もさんの答え、たった一言、こうであった
「アホ抜かせ」

ジブンが死ぬことは、まったく、想定していないようであった。

綺麗なかわいいお姉ちゃんが大好きで、だから、看護婦さんやヘルパーさんが、若い、かわいいお姉ちゃんだったら、それだけで、もうニコニコなのである。

同じなかまのミスターＭや、こさんを嫌いぬき、ミスターとの間にＭＭニクマンという、言葉を生み出した。

こさんが、ある時、やすらぎの里から出るとき、靴がないと、大騒ぎになった。階段の下に、靴が放っ

てあった。もさんがやったのであった。

次からは、こさんの靴を、どこかに隠すようになった。そのたびごとに、こさんの靴さがし、である。なので、とうとう、こさんの靴を別保管しておく、という仕儀になった。

それでも、こさんも、もさんも、友の会のみんなの部屋に居るのだった。


宇治の方にある、こ、という、重度心身障害者通所援護事業、というコトだったのだが、六年ほどアルバイトをさせてもらった事がある。そこの面接に、今からすると、ムチャクチャだが、一緒に連れて行ってや、と言う、もさんと一緒に行った。そこで、二人で、ストレッチなんかして、もさんは、すぐに、ソコが、気に入った様子だった。それが良かったのか、すぐ採用された。あのアルバイトは、もさんのおかげで、なれたようなものだ。あとで、親方のし施設長が、お主任が、そう言っていた。

もさん、ありがとうな。おかげで、アルバイト先が、見つかって良かったよ。


ともかく、小柄だが、がっしりとした体躯の、喜怒哀楽の激しい、難聴で、知的障害で、生きるエネルギーに満ち溢れていたもさんが、なんと、三十年近くも、府立ら病院に、入院させられていたのである。家族に、弟さんに、入院させられていたのである。

強制入院である。家族による、同意入院である。医療保護入院である。

人生で、一番いい時、30年近くを、精神病院で、過ごさせられたのである。友の会と、出合うまでは、退院はもちろん、外泊もさせてはもらえていなかったようなのである。

その退院、アパート退院に至る経過は、まさしく、前進友の会の第一世代たちの、素晴らしい、活動ダッタと、そう思う。

主治医は、プシ共闘の御大、お医師だったのである。リクツや、メダツトコロや、国会の参考人や、講演会や、ナンタラ反対集会やら、学会の理事職を確保することよりも、医師としてヤルベキことがアッタのではないのか、と、そう思う。プシ共闘系の活動家ダッタ精神医たちの欠点だと、そう、思う
50歳近くになって、やっと、シャバで暮らせたが、70歳くらいから、だんだんと、シンドくなり、結局は、精神病院に、戻っていったのである。

それなら、元々いた、ら病院に、最初は、戻って、行ったのではあるが、そこで、閉鎖病棟の保護室で、四肢拘束の五点張りをされていた。

もさんは、その府立ら病院から出られたとき

「シャバにきた」

「看護士にきつうにヤキいれられたわ」

と言っていた。

友人面会も、禁止だ、という、ことだったから、コレは、アカンと判断して、

それで、い病院に転院することになり、今に至るのである。

プシ共闘の拠点病院だった府立ら病院が精神科救急に特化していく過程での、悲惨な、転院劇だった。

2005年のコトだった。

だから、もさんとの最後の旅は、アレは、確か、05年6月の阻止共闘の集会で、アノ映画「かけがえの前進」の上映会、だったはずで、その時は、ざ君と、もさんと、三人で行って、上映会に参加して、新松に、泊まらせてもらった、と思う。その時は、東京暮らしをしていたくちゃんと、再会し合って、上機嫌だった。

近くのラーメン屋さんに、新松のみなさんと、多勢で行った。

その時の、記念写真に、もさんが、写っている。この旅が、元気だった、もさんとの、サイゴの旅、ということになるのかもしれない

05年の入院から、2010年のSIADHで倒れる間、ぼくたちは、もさんをずっと入院させ続けていたわけではない。

そう、確か、落ち着いてきたら年に3度か4度は2泊3日から1週間ぐらいの外泊はいろいろと試行錯誤しながら、友の会みんなで話し合いながら、挑戦し続けていた。

最初のうちは、もさん自身がアパートに帰りたいわーと言っていたし、友の会のみんなも、なんとか後数年はシャバで暮らせないだろうか、とみんなが思っていた。とにかく、ありとあらゆる手段を使った。訪問看護も、ヘルパーも入れていった。ふと気が付くと、入院中のい病院だけではなく、近くのいわゆる社会資源なるものをほとんど網羅していたと思う。

だから、もさんの外泊に向けての打ち合わせ会議が大変だったのである。い病院のPSW、訪問看護、入院中の病棟の看護、ヘルパーの派遣事業所のケアマネ、サビ管、ヘルパー、福祉事務所のケースワーカー、

が、とにかく集まって話ししなければならなかった。段取りをする人間も、会議場所の提供も、前進友の会がやったのである。だから、友の会のみんなの部屋で上記の専門職たちが一堂に会し、友の会のほうも希望者は自由参加だったから、それは、すごい会議だった。

一度や二度ではない、結構何回もやったと思う。そうやって、もさんの、外泊や退院に備えたのである。

そう、あれは2007年、もさんもまだまだ元気だった。友の会の食事会で晩御飯を食べ、土日は訪問看護が来ることになっていた。その、2泊3日の、もさんの外泊のためのクスリが、あまりにひどすぎた。いろいろいきさつはあるのだが、訪問看護のクルマの窓ガラスをかち割って、そのクスリをつき返してやった。

もちろん、そのあと、警察の取り調べと現場検証を受けることになる。

そうそう、もさんの外泊退院のときの、愉しい想い出も書いておこう。

もさんが、すき焼きが大好きだったので、外泊中にスタッフのて君が腕によりをかけたすき焼きをこしらえた。もさんと、えばっちは、大喜びだった。バクバク肉を食べたものである。安い肉をあれほど美味なすき焼きにする、て君の手並みはすごかった。

ヘルプに入ってくれた、や君のねぎの切り方が、あまりにもひどく、これは、いまだに語り草になっている。みんなの部屋で、何人かでもさんの添い寝をしたのである。

そうそう、あのえばっちが発狂した簡保という職場にも、もさんと一緒に行ったことがある。確か、カレンダーだか、石鹸だか、を売りに行ったのだと思う。もさんが、一緒に連れて行ってくれと言うので、一緒に行った。そして、カンポの古いナカマに、モノだけ渡すと、帰ってきたのだが、それでも、末端管理者どもが、大挙して下りてきて、囲まれる中でのコトだった。

みんなの部屋に帰って来て、もさんに、簡保どうやったと聞いた。

えばっちが、発狂したトコなんやで、と、言って。そのもさんの答えが、ふるっている。というか、真実を言い当てている。

「あそこは、精神病院やったんか?」

大挙して管理課から下りてきた末端管理者連中が、ヤキを入れに来た看護士の一団に見えたことは明明白白の事のようだった。

もさんの、名語録を紹介しておきたい

「しまつせなあかん」

これは、つまり、倹約、節約しなければイカンという、ことで、セーカツぶりは、とても、つつましやかなもので、質素で、あった。誰かをヤレ、という意味ではない。今どきのケースワーカーたちに、やいやい言われなくても、この世代の、もさんのような、人たちは、ちさんたちも含めて、実に、つつましやかな暮らしぶりだった。それなのに、あの福祉事務所のワーカーたちといったら…、

「出面（でづら）だしといてや」

これは、作業所の出欠表に、出席しました、書いておいてくれ、もしくは、出欠表を確認しといてくれ、ということである。日雇い人足を、日雇い仕事を、ヤッタ事のある人なら、お馴染みの文句であろう。時々、チャント言わないと、ワルい親方は、出面を誤魔化すのである。もさんも、誤魔化された口なのであろう。

えばっちのいくつかやったシゴトで、付いた親方たちは、でづらに関しては、マシな方だった、とそう思うが、念のため、オレも、もさんと、一緒に言っておこう。

「でづら出しといてや」「出面（でづら）、誤魔化さんとってや」

「でづら、ごまかさんとってや、たのむで」

出面（でづら）誤魔化すような親方には、当たりませんように、お願いシマッサーー

第二章　れさん列伝

精神病院でもアパートでも仁義ある暮らしぶりの肝っ玉

れさんは、一昨年（２０１３年）、80歳で、い病の共同墓に、入っていった。

サイゴまで、配膳された、御膳を、渾身の一撃で、ひっくり返して、いた。肝っ玉かあさんみたいな、仁義ある、病者だった。

　在日の二世で、本名で、通した。ぼくたちも、本名の、れさん、れさん、と当たり前のように、呼んでいたが、歳というか世代というか時代のことを考えると、それは、凄いことだった。

　夏レクも、一回だけ、ダツタか、一緒に行った。あの年の夏レクは、今から考えれば、ぼくが見知っている第一世代の濃厚な凄みのある病者が勢ぞろいしていた夏レクだった。

　確か、れさん、つさん、かさん、てさん、たさんも、おのおいちゃんも、みんな、海水浴をしていたか、海辺には居てたような気がする。

　その、れさん、つさん、かさん、という、十全会東山サナトリウム生き残り肝っ魂母さんトリオという、ような、凄い面子と、河原町で、ビラ撒きをした。

　そさんの指示で、行ったのだが、それはそれは、凄い光景だった。ソコだけ、異質な空間が、存在しているかのようだった。アレぞ、ビラ撒きの神髄であろう。ドンな中味のビラだったのか、忘れてシマッタ。

　日ノ岡荘の二階が前進友の会で、一階がアパートになっているのだが、そこで、管理人の、たさんとともに、かさん、あさん、たちと、実に、仁義ある、凄い、暮らしぶりだった。

　四人とも、亡くなった。

　食事会の度ごとに、お盆にのせて、一階のれさんの部屋まで、運んでいたものだった。雨の日も風の日も、お盆にのせて、運んだ。

　今思えば、二階に続く、あの階段を登れなくて、みんなの部屋に来れなくなった最初のなかま、かも、しれない。

ぼくたちの運ぶ食事会の御膳は、一度も、ひっくり返されたことなど、なかった。若者向き過ぎるメニューが多かった、か、と、時々、反省するのだが…仁義、で、あった。

二階が、騒がしくなると、一階のれさんの部屋に避難する、なかまも、いた。あまりに、それが、頻繁になると、

「えばっちゃん、だれだれさんが、毎回、来るんやで」

と、言って、それとなく、注意を向けるよう促されていた気がする。

ぼくのことは、えばっちでも、えばたさん、でもなく、えばっちゃん、だった。

手編みのベストを、いただいた、ことがアル。ぽつぽつと、背中に当てて大きさをはかって編んでくれた。うれしかったなぁーその、れさん手編みの温ったかチョッキを、毎冬、愛用している。

この時代の在日二世の女性が、戦後の混乱期を、そしてまた、その後の経済成長期を、どう、乗り越えていったのか、生々しい、ハナシを聞かせてくれた。

売春と、ヤクザと、薬中のハナシなのだが、それで、精神病院に捨てられる、というような、ハナシなのだが、あまりに凄いハナシなので、ここでは語れない。

ただ、その後も、ヤクザポイのが、れさんの部屋になんだかんだと、出入りするのが、ぼくたちには、とても、タイヘンだった。

イロイロアッタンですよ。

れさんは、ほんと言うと、ちょっと、ヤクザポイのが、好きなのであった。

で、例の、カネで買い物などの用事を請け負って釣り銭を強引にペクッて行く、きちゃんが、また、れさんに、たかるのだった。

ところが、よく考えてみれば、れさんが、きちゃんの相手をしてくれていたおかげで、もっと、温和しい、かさんや、あさんたちが、きちゃんに、引っかからずにスンだ、のカモシレナイ、と、そう思う。

ただ、そういう仁義を破って、なりふり構わず、やり出したときに、きちゃんに対する、その行動に、ぼくたちの怒りが、バクハツしたと、思う。

もっとも、その後だって、きちゃんは、れさんのトコロに、度々、出入りしていた。こうなってくると、もはや、どちらが、兄貴分の方で、どちらが、使い走りの方なのか、分からなくなってくる。

今思うと、れさんにしてみれば、ぼくたちに、頼めないようなことを、きちゃんに、頼んでいたのかもシレナいと、そう思う。

だって、ニンゲンだもの、れさんにも、イロイロあったのだろう。ぼくたちには、知られたくないことや、頼みズラい事が、イロイロアッタンだろうと、思う。

ソコラいら辺を、イマの福祉制度や、福祉の専門職たちは、ナァァーーにも、分かっちゃイナイんだろうなぁーーと、そう思う。

そんなに、キーサンは、品行方正な暮らしぶり、バカリという、ワケじゃあ、ナインですよ。ワカッテイルノカなぁぁぁーーー
そうそう、何時ものあのバットだったかな、エコーだったたか、そうだ、とにかくフィルターはついていた。そのフィルターのトコロまでぎりぎりに吸ってた
だから両手ともの人差し指と中指の先の方がいつも黄色くなってた。よくやけどしないものだといつも思ってたけれど、その煙草を吸いながら、さ、あの大きな灰皿を前にきちゃんに用事を言いつけてた、んだろうなぁぁーー。

ボクが入っていくと、きちゃんはそそくさと出て行って、ソノかわりに、ソコにえばっちが座って用事を聞くことになるのだった
い君が、学生時分アルバイトとして来ていた時分の、れさんの入浴のハナシは、とても、凄すぎてここでは、語れないけれど、、ぼくたちのなかでは、語り草、となっていて、ついには伝説化しそうである。

なかなかに、マニュアルなんかでは語れない。ハッキリ言って、今時の専門職連中には、考えも及ばないであろう入浴介護、というか、入浴のお手伝いと、いうか、、入浴の促し、というか、れさんらしい、というか、

い君らしい、というか……。そのうち、い君から語って貰える日が来るだろうと思う。

その、い君が、東京から戻ってきてくれて、やすらぎの里のスタッフに返り咲いてくれた。

れさんは、大喜びである。アルバイトの、い君さ君が、お気に入りだった。

それで、い君が、機会をこしらえて、なんとか、い病院から連れ出して、たさんたちと共に、お好み焼きを食べに自主外出を、やっチャッタのが、良かったなぁーと、思うのである。

れさんは、い君が、お気に入りであった。

ココ、二、三年、夏レク冬レク琵琶湖ホテル豪華ランチヴッフェに、一緒に出かけられたのが、良かったなぁー、と、思うのである。

亡くなる二週間前の、い病院訪問の時に、そう、その時は、ライターの浅野さんを案内していたのだが、その時に、アイスクリームが食べたいと言うので、や君が走って、院内売店で買ってきてくれて、ざ君が、食事介護して、食べて貰えたのが、良かったなぁぁぁーー、と、つくづく、思うのである。

ムカシ、そうそう、一度、韓青同との交流会に、誘ったことが、あるのだが、運動的政治的ハナシはそっちのけで、

「えばっちゃん、うちは、ムズカシいことは、わからんわぁ」、と言いながら委員長さんが、橋幸夫に似ていて、男前なのを、実に、喜んでいた。その男前の委員長に「オモニ、オモニ」と呼ばれて、本当にうれしそうだった。

「えばっちゃんは、漫才師の横山やすしによう似てるわ、食い倒れの人形にもよう似てるわ」と、よく言われた。れさんは、人のことを誰かに似ていると言うのが、実に得意だった。

祇園のなんとかという有名なダンスホールのナンバー2だったんよ。そのうち、えばっちゃんにもワルツやらタンゴやらを教えてあげようね、と言っていたが、その機会はないままに終わった。

ダンスホールでの『儲け』の仕組みなども聞いてはいたのだけれど、とにかく、そのーー、イロイロな、ことを、たいしたことの無いように、ハナシていた。それで、時々、聞いているコチラが、腰を抜かすのであった。

家族のハナシも、時々出るのだが、ぼくの知る限り、家族が、訪ねて来たことは、一度も、無かった。本当に、家族、とは、一族、とは、無縁、だった。
子どもさんも、いるような、ハナシだって、弟さんが、いるようなハナシだって、嫁ぎ先の御姑さんが、キツカッタハナシだって、聞いては、いたのだが。家族とは、まったく、無縁だった。
さぞ、悔しかった、ダロウと、思う。

れさんの一生を『生きづらさ』と、言われてしまう、わけには、いかないと、思う。断じて、ね。
れさんの前にも
れさんの後にも
れさんのような、人生が、引き続いていて、
それは、前進友の会の第二世代や第三世代にも、
共通なので、ある。
えばっちも、含めてね。
だから、我々キーサンの人生を
『生きづらさ』というコトバに『すり替える』動きには
敏感に反応して、その度ごとに、

それは、チガウのだ、と、言い続けようと、思う。
さもないと、我らキーサン人生が
『すり替えアクジ』のハンニンたちに…
亡き者にされちまうだろうしね…
それか、いいように変形させられて、歪められて
貶められて、リヨウされちまうだろう、な…

れさん、一緒に、それはチガウと、
叫ぼう、ぜ
クスリもゼロになるらしいで
ほんとうかな、って、思うダロ
ほんとうかな、って、さ
ヤタラとヤカラなヤツラが
イイコトしてるツモリになって
それで、飯喰って
子どもを大学に行かせている
ヤカラとヤタラにニコニコして
運んで来る御膳を
一緒に
バーーーーァァアンと
ひっくり返そうヤナ

第三章　ミスター列伝と食事会列伝
光り輝くキーサンの星ミスターのキーサン人生とみんなで美味しいものをたらふく喰らう

ミスターが、今日も、元気で、ニコニコしながら言うのである。

「煙草吸うてもエエって、病院で言われたで」

そして、煙草と、マッチを見せるのである。

い君が言う。「でも、ここでは、止めてくださいよ。絶対みんなの部屋では、煙草を吸わないでくださいね」、と。

え君が、付け加えて言うのである、

「みんなの部屋から３００メーター以内では、煙草吸わんとってくれ、ココ焼けたら、みんなが、行くトコなくなるんや。

もう二軒も焼いてルンやから、観察法から救い出してくるんはタイヘンやったんやから…」

「わかっとる、わかっとるってぇー　吸わん吸わん、ココではぜぇったいに吸わん。

ついでに、立ちしょんべんも、もうせぇへん、金輪際しません。足の臭いのも、風呂も入ります。ちゃんと、約束します。約束するわぁぁぁぁぁーー。もうすぐ、退院やし。

今度、グループホームの面接があるんや、今度は、大ジョウブや。退院して、来年は、ナイターを見るんや、応援しに行くんや」

「ほんまかいや、そのハナシは何度も聞いたけど。ほんまに、面接あるんかぁーー」

「ほんまや、今度は、本当に面接するんや、もう退院や」

「そやけど、巨人、敗けとるやんけ」

「それは、もう言わんとって」

「阪神は、チョウシいいなぁぁーー」

「いや、今の阪神のチョウシ良さは、後で、裏切られるさかいに、ワシはもう信用せんことにしとる」

「そやけど、巨人は、なさけないのぅ」

「だから、それは、もう言わんとって。来年は、退院して、ナイター応援しに行くから、巨人が優勝や」

こんな会話が、何回繰り返されたかは、モハヤ、数えるべくもない。いやはや、タイヘンなことなのである。

そのうちに、アルバイトスタッフのこさんが、トンデモないことを言い始めるのである。

「焼くんやったら、徹底的に焼け、中途半端にすな、徹底的に焼いて看護士も医者も、皆殺しにせえ」

などということを、言い、始めたのである。さすがに、マズイやろと、思うのだが、誰も、止めないのである。

本人のミスターが、「皆殺しは、なぁぁーー、」と言いつつ、気が乗らない様子ダッタのである。

そして、ミスターの夢の話になるのである。

「バイクの免許取ってニューヨーク行ってコックになって、嫁さん貰うんや。結婚式には、みんな出てなぁー」

「出る出る、出るけど、この話、一体何年間聞いてるんのかなぁぁー」

と、みんなで、ぼやき出すのであった

こうして、週の終わり、金曜の食事会は、フライデードライバーこさんの運転で、ミスターとさ君が、い病院に戻るため、みんなの部屋をでたところで、前半が終了するのである。

後半の食事会のために、まだ来ていない、ざ君の部屋に電話をする。

「おきーれーおきろーーー、トンカツが、揚るぞーーー」と、留守番電話に吹き込んでいると、やっとこさ、ざ君が出る。

「今起きました、これから、行きます」

その電話が、終わるやいなや、トンカツが、揚がってきたのである。

ところが、ミスターのハナシは、その翌週ダッタか、翌々週ダッタか、に続くのである。

おっと、どっこい、肝心のミスターのでき事を忘れてシマッタ、ナニが、アッタんだっけ、あの時は、確か、

「他患を殴ったので保護室入りです」ダッタのか

「眠剤飲んで便所に行こうとして、廊下濡れてて、転倒して骨折しちゃったので外出できません」ダッタのか、忘れてシマッタ、ナニがアッタのだったッケ

だから、次回の食事会のシーンに直行である。

は君が、「新しいメニューを開発しましたよ」、と、

言うのである。

「おーーそれは何なんだ何なんだ」

とみんな口々に言う。

い君は、もう、「は君がメインシェフですよ、ぼくは、シェフ助手だなぁぁー」と言う。「所長といっても、コンナもんですよ」、とぼやく。

「ダカラ、所長じゃないだろ、所長役ダロ。貰っている賃金の額を言ってミロ—。おれたちが、一日来たら、※000円ナンボのアガリになるんだろ、チガウのかぁぁぁぁーーー、ドウナンダーー」とえ君がわざとらしく言うのである。

「かんべんしてくださいよ、皆さんのおかげで、賃金もらえています、ありがたいです、だから、もう、かんべんしてくださいよ」、と、い君が、言うのである。

で、もう一度、は君が、「新しいメニューを完成しましたよ、今日は、ボンゴレロッソですよ」、と言う。

「それはなんなんだ」

「スパゲッティだろ」

「どうなんだ」、

「横文字で言わないでくれよ、分からんようになるやろ」

「ココはキチガイのたまり場なんや、ムツカシいコト言うたらアカンがな。で、それは、ナンなんだ」

「食べられるモノなんですよね」

ワイワイわいわい言っているのである
で、ついに、テーブルの上にのってきたのは、出てきたのは、あさりの激ウマトマトソーススパゲティだったのである。

「こんな本格的なトマトソースは、初めてですよ」、と言いつつ、

「コレが手作りトマトソースというものなのかぁぁぁーー」

「レトルトのモノとは、チガうなぁぁぁぁーー」

みんな、今までとは違うスパゲティを、啜っているのである。

「こいつは、うめえなぁぁぁぁーー」

「うーーーうまいうまい、アサリの出汁が、きいてるなぁぁぁーー」

ココは、平均年齢58歳の、一応、あらあら計算してみたら、58歳だったハラの突き出た、中年高年オッサン病者の極楽だなぁぁーー
「コレでいいですよ、ほんと」

「コレが、イチバンですよ、ほんと」

「美味しいものに、差別は無い」、とかなんとか、と、

みんな口々に言いつつ、スパゲッティを音を立てて啜っているのである。

アンマリ音を立てて啜っていると、誰かが、言ったのである。

「アンマリ音たてたらアカンやん」

「これ、蕎麦ちゃうで、伊太利蕎麦スパゲティナンやから、イタソバは、音を立てたらイカン」

「エエやないか、ココはイタリアやないんや、美味しく食べられたら、ソンで、エエネン」

「そやそや、うまいのがイチバンや」

「蕎麦のように喰うたらエエのんやて」

ズズズズズーーーーーーズズズーー
ズズゥウゥウズズーーーーーー
「だいたい、エングランドのマインドたら、エタリアのトリエステたら、ソンナもん、ニホンに直輸入してきたって、うまくいくわけ、ないですよ。なんでソンなこともわからないかなぁぁぁーー」と、ざ君が力説している。

ハナシは、伊太利蕎麦ボンゴレロッソから『キーサン革命』へと飛び火するのであった。

第四章　包丁列伝

オレたちは最もシビアーな隠しておきたい加害バナシもなかまとともに語り合う

「オカンにエルボーをやっちゃって、以来、オカンから強制入院させられるのが怖くて、逃げ回って、コンなに実家に近いのに近づけないんです」

「最初の夏レクには、そのおかぁはんと一緒に参加してたよなぁぁーー。えばっちの後ろの席に二人で座ってたもんな、思えば長い道のりやなぁー」

「何を言っているんだ、オレなんか、もうちょっとで妹を殺すところだったんや、アレは悲惨やった、家の二階のふすまが血だらけになってた」

「包丁はよく出るよな、れさんの枕の下の包丁はヤバかったなぁ」

「家族とのだけじゃなくて、友の会でも、包丁事件あったよなあ」

「あれは、被害者はくちゃんじゃなかったか」

「確か、とさんが包丁持ってくちゃんを追いかけまわしてたよな」

「その後だっけ今度は、ま君からずっと蹴り続けられるというのもあったよな」

「そうそう、あの時はうちゃんがプロレス技で止めたんだったよな」

「うちゃんのプロレス好きが役に立ったなぁぁ。それにしたって、い君がさ、そういう一番肝心な時に、いないんだよな。便所で紙がねえっつって、やっと出てきたら全ては終わってたんだよ。良いガタイしているのに肝心な時に役に立たねえ。でその時、何で尻を拭いて出てきたんだ？」

「これは一生言われるんですかねー？　仕方がないから、もらった賃金袋の紙をちぎって拭いてきたんです。だって、便所に紙が無かったんですよ」

「便所に紙がなかったっていうのと、ボーリョク事件とドッチが酷いハナシかな」

「一生じゃないぞ、コレは孫子の代まで語り継がれるハナシなんや。だってえばっちがアッチコッチで書いちゃってるんだから…」

「そうそう、夏レクで主治医をモウチョットで殴り倒すとこマデいくのもアったたって聞きましたよ。ソレが最後の一泊夏レクだったんだから、悲惨ですよね」

「アレ以来一泊レクは無いなぁぁーーもうゲンカイだったのかなー」

「一番近場のヤバかったのはナンだったたっけかな」

「ねさんの入院の説得の時だったたんじゃなかったんですか」

「そうそう、あの時は緊張したな、アタマを一発やられたダケで済んでヨカッタ」

「ねさんが手に真鍮のドアノブを握りしめていたのでヒヤヒヤしましたよ」

「れさんの入院の説得の時もタイヘンだった」

「そうそうあの時は、れさんが枕の下に包丁を隠していたのがワカッタもんな」

「大体な、なかまがなかまの入院を説得しに行くときはな、ジブンだって入院は絶対に嫌なんだから、そのゼッタイに嫌なことを説得しに行くんだから、包丁が出てきたって、殴られたって仕方ないことナンダよ。その時は覚悟を決めてなかまとともに、ナンというか、なかまから包丁で刺されたって、ソレでイイんだという覚悟で行くんだよ、サイゴは…。なんで、加害者にしか過ぎん精神医や看護士たちは、患者に包丁出されるのをアンなにコワガるかなぁぁぁーー」

　こういうハナシが続くのです。コレがキーサンのセーカツなのです。

『被害と加害が二重逆転しながら』

『被害からも加害からも目を背けないんですよ』

　そして今日、コレを書いているときだって、前進友の会やすらぎの里作業所のみんなの部屋のセーカツは続くのです。

　食事会のメニューは、チキンの照り焼きで、ソースをかけて喰ったら激ウマだったのです。お味噌汁の中にタップリと大根おろしを入れて喰うというチキン照り焼き定食。会費300円だったのです。

　作業所のスタッフは「集団指導」という名の役人の講演を聞かされて、スッカリと疲れ果て今日は直帰させてくださいとメールが来たのでした。

　なかまの一人から電話はジャンジャンかかってくるのでした。今日は、生活保護のことで役所に行く日だったのですが、病院のワーカーをキラいなのでヘルパーさんと一緒に行って、役人にナニかイロイロ言わ

れたらしくジャンジャンかかってくるのでした
　だからあれほどキライでもココはワーカーと一緒に行く方がいいと、言ってきたのでしたが…、
　その後、入院中のなかまが、本当に久しぶりに訪ねて来てくれて、
「おやつはないんのんかぁー」と言いながら、インスタントコーヒーを一杯飲んで、彼は、砂糖はスプーン大盛三杯入れるのです。
　でも、自分ではなかなかうまく入れられないので、なかまが入れるんです。そして、また、病院に帰って行ったのでした。
　そう『帰る』んですよ、精神病院にね。

オレたちは最もシビアーな隠しておきたい加害バナシも
なかまとともに語り合う

第五章　おさん列伝　ちさん列伝

高齢のなかまが精神病院に戻っていく　霊安室と共同墓に

みんなの部屋のなかまが亡くなっていく。

去年（２０１３年）は、友の会のなかまが、三人亡くなっていきました。古い古い友人が、二人も、自ら死んでいきました。

我々は、滅びゆく、種族、なのでしょう。

そう、昨年（２０１３年）の夏、前進友の会では高齢の入院中のなかまを含めて、三人のナカマが、亡くなっていった。一人のナカマは一度も退院することなく、一人のナカマは精神病院に戻って老後を送るしかなく、一人のナカマは若くして癌で亡くなっていった。


三人のナカマが死んでいった、そのうち、二人までは高齢で身よりもなく、「ハッタツ音頭」「ゲンヤク音頭」「セカンド音頭」なんてモノの踊りには、なんの関係もなく、死んでいった。そう、そんな音頭の踊りの、はるか以前の状況のモンダイでした。

おさんは、精神病院に家族によって捨てられ、ていたようでした。一度も退院することもなく、誰も面会に来ることもなく、本当に誰も面会にこないのでした。そして、一人で、死んでいきました。

北館一階の詰所に一番近い部屋でした。病院の共同墓に、ぼくたちが、納骨してきました。クスリの内容云々カンヌンの、診断名の正しさ云々カンヌンのはるか以前のモンダイでした。

精神病院に捨てられて、誰も、来ない。そんなセーカツが、何年続いていたのだろうか。えばっちが、初めて入院する遙か以前から、入院されていた様子でした。


週に一度行くことにしている、友の会の面会を、楽しみにしておられる様子でした。

いつも、編み物をされていました。完成したところは見たことは無かったですけれど、なんだか、チョウシの良い時は、編み物をされていました。

「アンタにも編んであげるわぁ」

あれは、2病棟のディルームみたいなところで言われたのだったか。あそこにチョコンと座って編み物だけしてたなぁぁぁ。

夏レクにも、行きました。一緒に、湯の山温泉に行きました。一泊二日の温泉旅行になってから参加されていたおばあちゃんでした。

とても小さな、ホッとするおばあちゃんでした。もさんのことを「かわいいなぁ」と言いながら、ナデナデシュリシュリしている、かわいいおばあちゃんでありました。ナデナデされているもさんも、ナンダカ嬉しそうでした。

そして、そのもさんは、今度はくちゃんを「かわいいいなぁぁ」と言いながら、ナデナデシュリシュリしに行くのでした。

ナデナデ、シュリシュリの連鎖なのでした

もう一人のなかま、れさんも、「正確な診断」「正当な処方」なんて、、はるか以前のモンダイでした。

あの年の春から夏への状況では、ぼくたちが言っていたのは、、ともかくCTを撮ってくれ、血液検査をしてくれ、頭部のCT検査をヤッテはもらえないだろうか、、でしたから…。

血液検査は、してもらえましたが……。結局は、CTは、撮っては貰えなかったですからね……。

えばっがサイゴに行った面会で、アイスクリームを食べて貰えたのが、今から想うと、ヨカッタ、と、つくづく、想います。

その面会の時、食事介助はさちゃんが、やり、そう、あの時、売店まで走っていってアイスクリームを買ってきてくれたのは、誰だったか。や君だったか……。

あの時の面会のことは忘れられない…。お見舞いジャなくて、いつも面会に行くと云うのが想いでした。

このチガイわかりますかねーーー

えばっちは、病院までの運転係と、交流のため来られたライターさんを案内して、観察法に引っかけられたミスターが、またもや保護室に入れられたので、ナントカ看護士さんと交渉して、その保護室に入って、面会していたのでした。

食事介助をしているさちゃんを、病室に迎えに行って、「またね、れさん」と言って手を振ってわかれたのが、えばっちとしては、サイゴになりました。

翌週の月曜また、別の病院訪問チームが、行ったのが、友の会としては、サイゴになりました。

そして、ぼくたちが、お骨拾いも、共同墓への納骨も、したのでした。

こういう中年高年老齢高齢、生保、ビンボー、身より無し、一人暮らし、ずっと病院暮らしという病者の想いが、無に、帰されていくでしょう。


京大で散々電パチやられた高齢のなかまが、この春にまた、い病院で死んでいきました。一体、ドレほどの高齢のなかまが、退院することなく死んでいったのか。

ちさんは、凄い人でした
若い時に、京大病院に無理やり入れられて、電気ショックバンバンかけられて、それでも生き延びて、今度はい病院で近くの染物屋に外勤作業に出されて「結構働いたんよ」と言っておられました。

い病院の入院患者自治会の最初期を編集部として担って、そして、退院して地域で生活し始めたそうです。

友の会の食事会の時、迎えに行きました。一緒に夏レクもよく行った。一緒に「たまり場らくよう」にもよく行った。必ず、ネコちゃんと一緒に行った。出かけるとなると、ネコちゃんのバスケットと共になのだった。

あるとき、もう、い病院に戻る、と云う決断を自分でして、ボクたちには、その結果だけを告げられて、アパート引き払う手伝いだけしてくれと、友の会四人でアパート片付けに行った。そして、覚悟を決めて、い病院に戻って行った。

凄いなと想ったのは、飼っていたにゃんこのことだった。自分でにゃんこを近くの動物病院に連れて行って、自分で最期を看取ってきたのだった。

そして、
高齢のなかまが限界が来て、精神病院に自ら戻っていくという最初の一人となったのだった。

この年の春にい病院で亡くなった。ガンだったそうです。ボクたちは知らなかったのです。

覚悟を持った凄い亡くなりヨウダッタとそう想う。

前日に、面会に行って会えたのが、ヨカッタと、そう想う。

そう、亡くなる前日が月曜で、定例のい病院の面会だった。その日は、ナンダか、ちさんは何時になく、いつまでもいつまでも、えばっちの手を握ったまま離してくれなかったのでした。

アレはソウ云うコトだったのかなぁぁぁーー
いつもよりずっと長く、いつもよりずっと強く、両手でもってえばっちの腕を握っていたのでした。

だから、しばらく、そのママでいたのでした。

でも、友の会に帰らなくてはなりません。ようやく離してもらえて、バイバイと、いつもより多めに長めに手を振ってきたのでした。

翌日、亡くなったとの連絡を受け、い病院の霊安室に駆け付けました。

この霊安室では何人を送ったのかなぁぁぁーー
割と広い、葬儀もできちゃうような霊安室なのでした。その霊安室は、少し小高くなったところにあるのでした。真ん前に、デェイケア棟が建っているのでした。

そのデェイケアに通っておられるみなさんが、霊安室から霊柩車に乗せられるちさんの棺を窓からじっと眺めておられました。

第六章　宇宙消滅爆弾列伝

社会に対する漠然とした『殺意』とこしあんの関係

前進友の会の中で、ZOPT（ゾプト）という遊びが流行ったことがあった。いや、遊びとしながら、ある種の本音が反映されていたと想う。ZOPTとはZンシンOトシマエPロジェクトTチームの略称である。もちろん言い出したのは、えばっちである。そして、ZOPTと称して、キックミットやビックミットを突いたり蹴ったりしていたのである。

少なくとも、精神病院と大量の薬と四肢拘束五点張りと保護室と閉鎖病棟と電気ショックと看護士の暴力と、こ病院活動家医局長の後ろから襲われて何発も殴られ引きずり倒され馬乗りになっての首締めに対して、CVPPのようなチームテクニクスのニープレスに見せかけた、い病院医局長君の膝蹴り二発に対して、落とし前を百倍返し千倍返しでつけてやろうというのが、えばっちの鬼であり、その怒りと復讐心が俺の中に彼がいたということだと想う。そして、だからこそ、患者会にいてみんなで食事会をしレクをし、みんなで泣き笑い慟哭し哄笑していたからこそ、ZOPTになっていたからこそ、えばっちは【彼ら】のようにはならなかったのだと想う。

でもそれだけじゃない。ここから、さらに心の底のほの暗い闇が続く。

みんなの部屋の中で話していると、実に、想いもよらないなかまから、想いもよらない言葉を聞くときがある。その言葉を聞いたとき、まさしく、い君のその言葉は、まさしく、えばっちの中の言葉だと思った。その言葉を、ここに書いてしまうことが、少し恐ろしい。けれども、本人の了解のもと、その言葉を書いておきたいと想う。それは、みんなの部屋の中の廊下の突き当りにある自分たちで手作りで作り上げた「ゆうゆう」と云う喫茶スペース、喫煙スペースでのことであった。

い君とえばっち、そして誰がいたんやったかな、患者会らしいよもやま話与太話の中、ついつい、えばっちの怒りと復讐の話になった時、い君が言ったのである。「えばたさん、ボクもね、ホントはね、社会に対する漠然とした殺意があるんですよ」と、言ったのである。

で、オレは「えぇぇぇーーお前もそうなのか。参ったな、おどろくな。おまえもか。漠然とした社会に対する殺意なのか？ 漠然なのか？ ふーん、オレはよう、漠然と云うよりは、はっきりしたとした対象が決まった殺意なんだけどな、相手が決まってるのよ、夜よ、布団の中でよ、真っ暗な天井見てるとよ、相手の顔が出てくるんだよね」

「でもよ、そういや、オレだって、世間様に対する漠然とした、全ては滅んでしまったらええのや、というのはあるなー」

「ここによ、宇宙消滅爆弾のスイッチがあるとするよな。や君とかよ、ざ君とかが、宇宙の大統一理論を完成させて、宇宙消滅装置みたいな理論イコール装置みたいなものを完成させて、そのスイッチがあるとする。これ押すか？」

「オレは即座に押す。迷うことなく躊躇することなく即座に押す。やっと楽になれるんや。」

「いやーワシは押せんな」と、誰が言ったのか。くちゃんは、「俺は押さんで」と言って、御大師様の全ての生きとし生けるもの全てに仏性があるのや、というようなことを力説しだす。すると、ざ君が「くちゃんは偉いなぁー、だから副代表なんやね、僕は押すかもしれません、押すなー、でもその前に大統一理論を完成しなくっちゃ」

「い君よ、お前どうする？ 社会に対する漠然とした殺意あるけど、子供もおるし、このスイッチ押せんやろ？」で、い君はこう答えたと想う。

「押せませんよ。でも、社会に対する漠然とした殺意はあるんですって」

でオレは、「オレさ、そのスイッチ押すわ。本当にあったらな。この押すか押さんかが、何かの分かれ目かも知れんな」といような会話をしていたのを想い出す。

い君が【彼ら】なのではない。スイッチを押してしまうえばっちが、【彼ら】なのである。

また別の日の事である。同じ場所で、大体同じ面子が集まって、明日の食事会の事なんかを考えながらよもやま話をしていたのである。いつもの口癖のような言葉が出た。

「オレの人生っていったい何だったんだろうな」。

不全感、不遇感満載で、「オレの人生って何だったんだろうな」「糞だめのクソのような人生じゃなかろうか」といつもの如く言っていたのである。

で、これまたいつもの如く「誰も人生のことなんてしゃべってませんって、ここで人生人生なんて言ってんのは、○○さんと○○さん○○さん、だけくらいのモンじゃないですか」

「ほかの人は誰も言ってませんよ」と言われるのである。い君がそう言うのである。それはそうなんだけど、明日の食事会のメニューの方が大事なんだけれども、明日の食事会は焼き飯なんだけれども。

それで、「あ、明日、焼き飯用の出汁があったかな、エビの焼き飯だから、肉使えないし、海鮮系の出汁あったかな」と、は君が言いながら台所に確認に行った。

「そうだ、明日は、肉はダメの日だからなぁー」

「出汁無かったら買いに行かなあかん」

「あっ、ありましたありました」

「良かったなぁー焼き飯は、ミスターもふさんも、好物だしなぁ」

「明日の焼き飯は楽しみだなぁー」そしてまた、また、ついつい言ってしまうのである。

「それにしたってよ、俺の人生っていったい何ナンだろうなー」

「美味しい海老焼き飯をたらふく食べることが、人生じゃないですか」

「そりゃそうだなぁー　この間交流の人が持ってきてくれはったキンツバはうまかったなぁー」

「こしあん派と粒あん派、友の会はどっちが多いですかネ」

「俺は断然粒あん派だなぁー」

「エッそうなんですか、ぼくはこしあんですよ」

「ボクもです」

「京菓子はこしあんなんじゃやないですか」

「だから京菓子が嫌いナンだよ、粒あんのドシンとした田舎菓子がエエなぁー」

「羊羹派と饅頭派、ココはドチラが多いかな」

「次に交流に来たいって言う人はドンなお菓子持ってきてくれるかなぁー」

「交流じゃやなくて、持って来てくれはるお土産目当てみたいに見られチャいマスヨ、マズイですヨ」

「ソンなことはないだろうよ、なんたって前進友の会と交流したいって言うくらいなんだから、モンダイは実際来てみたらこの雰囲気だから、ガッカリしたトカ言われそうだな」

「それにしても俺の人生っていったいナンだったんだろうなー」

だろうなぁー」

「だから、誰も人生のことなんて喋ってませんって、イマお菓子のハナシでしょ」

「い君にだって、社会に対する漠然とした殺意がアルんだからな」

「い君、なんでえばっちにアンなこと言っちゃったんだ」

「アーあんなこと言っちゃったボクがワルイのかなぁー」と、い君がボヤく。

こうして、友の会みんなの部屋喫茶ゆうゆうでの、中年高年のオッサン病者の会話が延々と続くのである。

さらにまた、別の日のみんなの部屋のでき事である。一番広いみんなの部屋のテーブルの周りに、みんなで座って、ワイワイと話していた時である。ひょんなことから、自分たちの初期のころの家庭内での暴力の話になった。それも、赤裸々にみんなで語り合える、そういう時であり、雰囲気であった。

「ここで家族に対して、シビアーな暴力を振るってシモウタモン、いっぺん手挙げてみいひんか」と言ったのである。ほとんど全員がバラバラバラ、と手が挙がったのである。そして、口々に喋りはじめたのである。

「親父をグーで殴りましたからね」

「グーで殴り合いですよ」

「包丁が出ましたからね」

「なんで入院させたんやー、と叫びながら茶碗を片っ端から投げつけて、机をひっくり返しましたからね」

「僕の方が包丁を出したんですよ」

「赤いむすぶに書いた通りですよ」

「何を言っているんだ、俺なんか、もうちょっとで妹を殺すところだったんだぞ」

「あの映画『かけがえの前進』でも、『バクチク本』でも、『キーサン革命宣言』でも、書いた通りや、悲惨やったふすまが血だらけになってた」

「ふすまが血だらけと言えば、そさんが酒を飲んで暴れた時は、ふすまがほちゃんの血で真っ赤になってて、玄関の外扉が外れていて、あの重い扉が外れてて、それを横にのけて入っていったんだけれど、オレ踏み込むとき、こりゃ、ほちゃん死んでるかもしれんなぁと思いながら、恐る恐る踏み込んでいったんだよ。アレは怖ろしかった。もう二度とアンな想いをするのは絶対にイヤなんだよ」

第七章　セイチョウ喰い意地『ナチス式敬礼』列伝

みんなの部屋の食事会レベルと与太話レベルの関係

は君が、ぽつり、と、言ったのである。食事会の洗い物、お鍋や、フライパンや、お玉を洗いながら、ぽつりと、言ったのである。

「せいちょう、そんなもんは、この病気になってから止まってますよ」

い君が、煙管を、ぷかり、と吹かしながら、こう言ったのである

「せいちょう、そんなもんより、ぼくらには、明日の食事会や今度のクリスマス餅つき大会で、美味しい物を、たらふく喰うことの方が、大事ですよ」

「そうやなぁぁぁー。ほんまそのとうりや。ソレが、患者会のセーカツや、リンゴ二箱もいただいたし、バナナも一箱ある。そんで、餅つき用のコメも10キロも、ある」

「ありがたいことや、クリスマス餅つき大会のケーキは、何個ぐらい、買うとったらエエかなぁぁぁーー」

ボクが口癖のように言うのである。

「オレの人生ってなんやったんやろなぁぁぁーー」

すかさず、い君が言うのである

「だれも、えばたさんの人生のハナシなんか、してないじゃないですか」

毎日繰り返される、友の会の廊下の突き当たりの喫茶ゆうゆうで交わされる、会話なのであった

いつも、そのテーブルの正面に座っている、最年長者のださんが、いつもと同じようにニコニコしながら、そのやり取りを、聞いておられる

い君が続けて言う

「だいたい、人生、じんせいって、言ってるのは、えばたさんと、ざ君だけなんだよねー、ここの他の人が、人生ナンて言ってるの聞いたことないですよ」

「そりゃそうだな」と、う君が言ったのか言わなかったのか。

それで、そのまま、今日の食事会のカレーのでき

栄えが凄すぎると、話題になる
確かに、激ウマのシーフードカレーなのである
「いつも、冷凍のシーフードミックス入れてたんで水ぽくなっちゃってたんですよ、今日は、工夫してみました。冷凍じゃないイカとエビを使ったんですよ。有頭エビなもんで、そのエビのアタマと、イカのワタも、入れて煮込んだんですよ、それで、濃厚なんですよ」
「そこまでやって、300円とは、凄すぎる、本当にうめえな」
「みんなで、食事会をすると、本当に美味しい物が喰えるから、タマラン。なんで、他のヒトたちは、患者会で、みんなで食事会しないのかな。こんなに安くて美味しいもんが喰えるのに、、、弱いもんは、集まらんとイカン」
と、う君が、力説している
みんな、バクバク喰っている、カレーをおかわりして、食べだしている。
は君が、言った
「今まで喰ってきたカレーの中で一番美味しいですよ、コレ。今日は、ボクも、お弁当欲しいって、言っておけばよかったなぁ。持って帰りたかったなぁぁぁ」
って言い出している
「オレの弁当の分、譲ろうか」と、誰かが、声をかけている
「前回の牛すじカレーもうまかったよな」
「あれも、美味しかったなぁぁぁ」
「前日から煮込んでいたんだから、あれは、美味しい」
ハラの突き出た中年オッサン病者患者たちが、激ウマシーフードカレーをバクバク喰っている、のである。前回のすじ煮込みカレーを思い出しながら、喰っているのである。
前日に、イワモト某後見人と、い病院PSWや、病棟主任、主治医達との団体交渉をやり抜いたなかまたちが、カレーを喰っているのであった。
ボクは、
「後見人のヤロウ、フザケやがって、もさんの命を、ドウカンガエテイヤガルンダ、ここまで、持ってくるのに五か月もかかってしもたナ」と言いながら二皿目をよそいに行ったのである。
「くちゃんの分を残しておいてくださいよ」と、声がかかる。「おっと、そうだったな」と、少しにする、のであった。
あぁぁぁ、これが、人生ってものじゃなかろう、

かとも思うのである。

それで、ポツリと、そう言ったら、またもや、

「ソウなんだと想うんですよ、ボクも。でも、ね、誰も人生のハナシなんか、してませんてば」って、言われるのである

「だけど、アンな本を出して言うもんでさ、シカタないだろ」と言うと

「そんな、あの本のはるか以前から、人生ジンセイ、って、言っているじゃありませんか。大体、あんなアホは、ほっときましょうよ、ナンにも分かってない。依存症のことなんか、ナンニもワカッテ無いヤツなんだから。だれなんだ、えばっちに、あの本を見せたのは、、、」

「ぼぼ、ぼくが、ワルカッタのかなぁぁぁーー」と、ざ君が言う

おかしな方向に、ハナシが飛び火するのであった。

すると、事務室の方で、は君が、言った。確か、日報を書きながら、言った

「このカレー、イカのワタが効いたのか、エビのアタマが効いたのか、どちらなんでしょうね」と。

「エビのアタマじゃねえのか」

「いや、いかのワタだと、思う」という、実にオモシロいハナシが始まる

みんなの部屋から、廊下つき当りの、喫茶ゆうゆうの方に出て行って、言うのであった

ボクは、エビのアタマだと、思うのだが、イカのワタカモシレン、とにもかくにも、次回のシーフードカレーが愉しみなのである。

誰かが、ポツリと言った。

「イカのワタかエビのアタマか、こりゃ、レベルが高すぎルナ。次回のカレー作る人がタイヘンだなぁぁぁーー」と誰かが、言う。

で、ボクは、確かに、このところのカレーのでき栄えが高すぎるので、コメの減りがハゲしいのではなかろうかと、後で、コメ袋の確認をしに行ったのである。

大丈夫、だいじょうぶ、まだまだ、余裕がアルのであった。

ついでに、もち米10キロの袋を、ポンポンと叩いて拝むのであった。

たのんまっせ、26日は、しっかり、お餅になっておくんなさいよ。たのんまっせ、ホッホッホッホーー。

そういや、もさんが、餅つき前に、いつもコンナことしてたっけナ。そういや、もさん、いつも、拝ん

どったなぁ。26日はたんまり、お餅が喰えるであろうよ、ありがたいことである。

そう、我々にとって、レベルのモンダイとは、シーフードカレーとすじ煮込みカレーのでき栄えのモンダイなのである。それ以外には、高低のモンダイなんぞ、無いのである。

コレは、実にレベルの高いハナシなのである。胃袋に直結なのダカラ。

どっかのアホなライターたら言うノンが、ナニをエラそうに、クスリゼロ到達、社会復帰成功美談、シゴト探し物語で、

あなたの人生にとってはヨカツタだの
アナタの成長にツナガルだの、と、
アンナにエラそうに、モノ言うかねー
バカバカしいったら、アリャしない

しかもでアル、実は、オモたいシンドい『精神分裂病』、午前の部のなかまたちからは、このカレーは不評だったのでアル。凝りすぎたカレーは、シンドカッタのである。食べなれたバーモントカレーの味の方がヨカッタのである。

ソレも患者会みんなの部屋の高齢のオモタイ精神病のなかまたちのホンネなのでアッタ。そうなったら、おれたちは、アッサリと前からの、元からのカレーに戻ることにしたのである。

これが患者会と云うモノなのであり、レベルのモンダイとは、実に実は、このことなのである。ダカラ、次回からは、実はカレーの味は、いつもの普段どうりのバーモントカレーの味に戻っていったのであるが、そこもまた、日々の食事会の集まるメンツやみんなの部屋のその時の雰囲気や、日々の与太話の中で、少しづつカレーの味は変化していったり、また元に戻りながらしてみたり、しながら、そう、みんなが愉しめる、落ち着ける、喜べる、カレーが日々試されていったのである。この営みがコソが、この試みコソが、本当の意味での患者会の意思決定の試される場面なのであり、ココが試されていないと、ドウなってしまうのか、、、

そう、我々にとって、レベルのモンダイとは、まさにまさに、シーフードカレーとすじ煮込みカレーのでき栄えのモンダイなのであり、まさにまさに、患者会の食事会のレベルのモンダイなのである。

くちゃんが、二十年も前から言っていたのである
「マヤク飲んでるでるんや」

よく、聞いてみると、あるヒトから、そうなじられてハラが立つ、と、言っているのである。デモ自分でもマヤクだと、言っているのである。ジブンでも、ついつい、そう、言っているのでアッタ。ついつい、そう書いてシマッテいるのでアッタ
そう、くちゃんが、言い始めて、もう、二十年は経つのである。

え君が、勤めていたカンポの職場の古い友人たちが、書いたのでアル。あのえ君が、自嘲気味に、ヤクチュウになってしもた、と言っていると、ある種驚きを込め、氏名札裁判か分煙裁判の会報に書いてから、もう、十年以上が経っているのである。え君は、ヤクチュウや、ヤクチュウや、と、周りに言っていたのでアル。

そんなハナシをしていると、突然、ざ君が言ったのである。

「ぼくが、やっとこさ、外に出られるようになったのは、パキシルっていうクスリを飲むようになってからなんですよね。

今さら、それを、止めてクスリゼロ、って、ドウシロって言うのか。ソモソモり医師、ＳＳＲＩは最大量使え、って、言ってタンジャないですか、ね。オカシイじゃないですか」

と、うつむき加減で、食事会の御飯をつつきながら、言ったのである
う君は、言い続けている。

「クスリゼロになったって、しんどさが、クルシサの形態が、変わるだけですよ、クルシイことに変わりはナインですよ。それ、わからナインですかね。

クスリゼロになりかかったら、その方が、死にたくなる気分、強くナッテるんですよ。

生保ドウスレば、いいのか、ボクはナニ者だったのか、ナニ者ナノカ」

う君は、そう問い続け、言い続けている。言い続け、悩み続けている。生保の再同意書を前にして、言い続けている

あの時、それは、そう。と君がくちゃんを蹴り続ける、というジケンのあったジブンのハナシなのである、ずいぶんムカシのことだ。

そう、そう、確か、あの前後だったと、思う。あの、踊りが、始まったのは。

スターをめざしていた、くちゃんが、みんなの部

屋のテーブルの周りを「TV局だ、ドウタラだ。TV局だコウタラだ。TV局だ。トウキョウだ」と、節をつけて、言いながら、踊っていたのである。

みんなも、合わせて、踊っていた、ボクも、一緒になって踊っていた。本当にテーブルの周りを、踊っていたのである。

そしたら、真ん中の自立の部屋から、うちゃんがひょっこりと、出てきてこう言った。

「ここは、幼稚園か、保育所か。まったく、静かにしてクレ」と「ここにいてたら、幼稚化するぞ」と、それだけ、言って、また、自立の部屋に引っ込んで行ったのである。

その部屋は、のちのち、うさんの部屋、と呼ばれるようになる。午後のほとんどを、うちゃんが、そこで、寝ていたからである。うちゃんは、ツカれやすかった。

あの時、幼稚化すると言ったうちゃんも、踊っていた、くちゃんも、みんなも、それは、あの踊りは、ツラいクルシい踊りだったのですよ。

一見、愉しそうに見えてもね、、、、

うまく、伝わらないだろうな、きっと。

それは、クルシい踊りだったのですよ、ツラい踊りの輪だったのだ。そう、哀しい踊りだったのだ。

その前後だったと思う。スターをめざすくちゃんを、同じくスターをめざすと君が蹴り続ける、という、ことが、おきたのは。

その後、くちゃんは、東京に出て行った。TV局をめざして、でも、それは、ほとんど、ムリな相談だ、ということは、みんなも、そして、くちゃん自身も分かっていたコトだったのだ

あの頃、と君と、二人で、話していたとき、彼は、ポツリポツリと、芸能系の専門学校に行ってみたい、というようなことを、言っていた。

じちゃんも、いつも、漫画か、音楽の学校に行ってみたいと、言っていた。ソコに行ければ、ナントカなるのでは、と、いつも、言っていた

くちゃんだけが、芸能系のナントカという、学校に、行けていたのだった。

アレは、本当は、実に、哀しい、哀しい、踊りダッタのだ。静かにしてくれと、幼稚化しているぞ、と、そう言った、うちゃんにとっても、くちゃんにとっても、と君にとっても、じちゃんにとっても、アレは、哀しい、ツライ踊りダッタのだ。

みんな、夢も希望も、あったのだ。

でも、ほとんど、それは、かなわぬ、モノだった。

くちゃんのＴＶ局も。
　そして、と君は、入院後、行方不明。じちゃんは、友の会にも来なくなり、うクリニックのデェイにもほとんど、行かなくなり、新たな、中年高年病者の引きこもり、に、なり始めている様子なのである
　病状も、クスリも、歳も、そして家庭環境も、経済状態も、イロイロ有るのだ。才能だって、イロイロだ。そんなに、才能豊かなヤツバッカリじゃなかろうよ。
　クスリだけのモンダイなのか
あの踊りは、本当に、実はツライものダッタのだ。
セカンド減薬ハッタツ断薬社会復帰美談音頭とは、チガウ哀しい、侘しい、踊りだったのだ。
　うちゃんは、あの真ん中の部屋で、休みたかったのだ、静かにね。
　あの踊りを踊って以来、どのくらいの月日が経ったのだろうか。クスリゼロ成功就職成功美談音頭、の踊りとはずいぶんチガう踊りダッタ
　おととし頃から、友の会で、流行っているコトがある。ジブンの人生の右肩上がりというか、下がりというか、を、みんなで、せいので、右手全体で、指し示して、ミナイか、と、言って、みんなで、やっているのでアル。
　本当に、オモシロい結果になる。
結手、起立、さて、自分の人生を右手の角度で、表わしてみてください。
せぇの、ハイ、で、一斉にみんなの右手が、下に下がるのである。平行を示すなかますら、いないのである。オドロイタというか、当たり前というか、なのでアル。
　しかし、下がり角度が、それぞれに、チガウのである。
真っさかさまに地を差し示しているなかま
急角度で下がっているなかま
なだらかに下がっているなかま
絶妙の角度で下がっているなかま
くドクターも一緒にやったことがあるけれど、彼だけが、唯一、平行で腕が上がり、手のひらがクネクネと波打つ、という、ものだった、くドクターの人生の角度と変化なのでアッタ。
　ケッサクなのは、くちゃんで、彼のは、どう表現したらいいのか。できたら、彼に、直接やってもらってください。すごいですから。
　まぁ、そこで、種明かしミタイなものですが、もし、

急角度で上がっているなかまがいたら、それは、限りなく、『ナチス式敬礼』に近い姿になってしまうハズだったのデス。

ソコが、この「アそび」のミソだったけれど、じっさいに、種明かしせずに、何度もやってみたけれど、誰一人として、そういう角度で、右手を挙げたものなどいなかったのだ。

ありがたいことである

ハッタツ断薬クスリゼロ者社会復帰成功者たちがオンナジことをやれば、さぞや、『ナチス式敬礼』のオンパレードであろう。

精神病院に入院もしたことなくクスリもゼロで、この「アそび」をやれば、人生を、『ナチス式敬礼』で、表現できるのである。

オソロシいことである

おぞロシイことである

おぞマしいことである

障害者エリートとは、こういうことを、自慢できてしまうことなのである。『ナチス式敬礼』で人生を振り返ることのできる健病者バンザイの本が溢れているのである。

我々は、人間的成長などとは、無縁の存在である

ソンな暇も、ソンな余裕も、無かったのである

今も無い

ソンなご立派な暇は無い、と、断言する

ソンなご立派な暇は無い、と、叫ぶ

生き抜くことだけで、精一杯であった

いまも、そうである

これからも、そうであろう

生き抜くこと、ソレだけである

そして今、その生き様をハッタツ障害概念で「すり替え」ようとしちゃイケナイよ。キーサンの精神病患者の、これぞ、生き様ナンですから。

第八章　やすらぎの里スタッフ列伝

キーサン患者会設立運営『いい加減』労働条件

当事者スタッフなどというモンダイは、リクツで言っているわけじゃないんですよ。本当にそうなのです。前進友の会と、やすらぎの里共同作業所が、そうだったんですよ。そう、なんと前進友の会がやすらぎの里作業所になっていく80年代後半から90年代全般にかけて、このモンダイは、実は我々の最大のニクマンのタネだったのである。

しかも、患者会が主体で患者会が母体で、患者会が、決めて、職員をスタッフを決めるのだ、だから、患者会からもスタッフが出ることがあり、それは、みんなの世論が決めるのだ、という作風が、ある意味表面上は、いきわたっていたのだから、タイヘンなのだった。これがピアナントカとか、当事者主体ドッタラコウタラというような、カタチだけで、実際は、専門職の職員会議が、もしくは、所長が決める、というのだったら、当然ながら、また、チガッタだろう。

実は、『当事者主体』などというコトこそは、本当に担保されていれば、実に、言語に尽きない、イロイロな、タイヘンなことが、多いという、ことなのである。

そもそも、最初に作業所になるときに誰を職員にするかで、大揉めに揉めて、何人かが辞める、来ないという騒動にまで発展したと聞いている。そこに、また、このまま作業所路線でいいのか、作業所が99で、友の会は1や、という、議論も、あったのだから、タイヘンだった。ところが、また、そのへんは、不思議なことに、そさんの独断で、進んでいくのだった。

そのそさんが、い病院の看護助手として、勤めていたのだが、やすらぎの里作業所の所長手当も欲しい、と、言いだして、それは、確か、いくらか、出すようになったのか、ならなかったのか、みんなで、議論した記憶がない、だから、そこは、みさんが独断で決めて、支出したのダッタのか。

最初から、その、みさんがスタッフということではなく、てさん、と、かさんもだったと聞いている。てさんは元病院のソーシャルワーカーだったということや、かさんが京大の院出で、病者集団の理論家活動家ダッタということも理由だったようである。その2人が辞め、みさんになった。みさんは出産、子育てがあって、なかなかスタッフとしての役割を果たせなかったということもあるらしかった。しかも、そのとき、あの、弱い病者にタカルきちゃんまでもがスタッフだったかスタッフ志望だったかで、もめにもめていた。

そのうち、そさんが、アルコール依存で、ムャクチャなことになってしまい、それは、想像を超えるような事態となってしまい、とても、ここでは、語りきれない仕儀となったのだ。それで、そさんは、辞めていった。そさんと、みさんの、軋轢も、アッタ、と、想う。

新所長には、うちゃんが、就任した。一時、離れていたうちゃんが職員になって戻って来てくれていたのだった。そして、所長に就任したのだが、これで、少し安定感が、出た。ただ、うちゃんが連れてきたトモダチのほさんが、スタッフになりたくてなりたくて、しまいには、通所者の中で車を運転できるものが運転したときは、工賃とは別に運転手当を出そうと云うことを提起しはじめた。

うちゃんのもう一人の友人で、女性のむさんも、スタッフになりたがり、てさんと、連絡を取りながら、ナンダカそれとなく、ソンなことを始めたので、むさんと、みさんの、軋轢が、生まれようとしていた。むさんも、みさんも、女性解放運動の経験があったので、うまくいくかと想いきや、そこは、逆になったのだった。みさんの、激烈な反応が出そうになっていた。

加えて、新しく入ってきた女性のやさんとおさんは、世代交代を旗印に、みさんを辞めさせて、自分たちがスタッフになろうという動きを見せはじめていた。それが反映して、今度はみさんが私が辞めたらいいんやね、ワタシを辞めさすんやね、みたいなカンジになっていき、通所者の男性陣がひたすらなだめすかして、「みさんだから、ここが持っているんだから、みさんがここの扇の要なんだから」と言って必死になだめすかして慰留していた。

おさんだって、実は病気になる前は有名大学の心理学専攻だったので、なんとかスタッフになってみたかったんだと想う、し、それは、やさんも一緒で、非常に有名な国立大学で、なんとかスタッフになりたいという気が満々だった。やさんは、うちで駄目だとなると、他の作業所へも行って、やっていた。

　だから、このやさんとふ君の結婚だって、実はやさんとみさんの対立が、結果としては、相当強く、暗い影響を与えていたものだと想う。結果的には、やさんとふ君は、関東の方へ引っ越していくことになる。ところが、さらに後日談があって、そのやさんは、引っ越していった先の関東のとある作業所が当事者スタッフを募集し始めた時、そこへ応募したのだが、その応募先が、研修先として、ウチを指名したから、タマラナイ。また、ひと揉めあったのだった。

　その後、一息ついて、ACが流行りだしたら、ズバリAC系の屈折したノイローゼ系の神経症圏のスタッフ志望の青年たちが、どんどん売り込みに来るという状況がうまれてきた。それが不思議なことに、みんながみんな健病者風で、ボランティアかアルバイトスタッフになりたいと次々と来る。当然、当事者性も、若干は、あって、タイヘンなので、あった。そして、しかも、通所者志望は誰も来ないのであった。

　そうこうしているうちに、２０００年代に突入していき、みさんと、アルバイトスタッフのトランスジェンダーを名乗るびさんと、の、例のアノ状況になっていく。ここでは、多くは、語れない。最終的に唯一の、アルバイトスタッフ強制退職となった、びさんの、最終局面のキッカケは、なんと、びさんを、アルバイトから正規スタッフにシヨウ、というハナシが、みさんの方から、本格化し始めた時なのであった。この時は、かてて加えて、トランスジェンダー的「性の全開放」やら「ほんわりやわらかレズビアンモードによる桃色化」というのまで、加わっていたから、精神病の患者会ではタマラナイ、なんだこりゃムチャクチャやな、もう勘弁してほしい、という状況だった。詳しくは語れない。


　前進友の会の、やすらぎの里作業所のスタッフを巡るアレコレという一局面に絞った、匿名の、しかも、詳しくは、語れない、ムカシバナシである。

　断っておかなければならないのだが、こんなコトばかりで、90年代の前進友の会の日々が、明け暮れていたわけではない。

　一つの局面に絞って、えばっちが、観ててカンジたことを、ムカシ語りした、という、ダケである。しかも、ジッサイのアレコレは、省いた。

　そう、じゃあ、この間の、ぼく自身の立ち位置を、書いておこう。

えばっちは、一貫して、ずっと、やすらぎの里共同作業所ではなく、前進友の会という患者会の会員ダケだ、という立場を守り通した。

そういうなかまが、やさん、といって、第一世代からの古いなかまの、中に、もう一人いて、大体のなかまたちが、やすらぎの里共同作業所のスタッフか通所者で前進友の会の会員でもある。

いや、逆か。前進友の会の会員であるなかまたちが、やすらぎ里共同作業所的には、スタッフや通所者と、に、別れていたのか。

そのなかで、やさんと、えばっちだけが、前進友の会の会員、ダケ、という立場を守りとうしたのである。

リクツだけでは、ないのだ。我々は、ヤッテきたのだ。いろいろ、タイヘンなのだ。なのでアッタ、ジツサイに、セーカツしてきたのだという、ことで、あろうかと、思う。


こんなことを、嫌というほど、見聞きして、きたからこそ、の、ヤタラとヤカラな、ヤカラがヤタラと半端者センセイ五職の再生の物語、批判なわけです。

右肩上がりの、物語、にシカ、過ぎないンですよ。


しかし、その一方で、矛盾しながらも、とにもかくにも、こうも言えてしまえるトコロもアルのがいいのでは、、、と思う。ひょっとしてやすらぎ里作業所のスタッフの労働条件って、ものすごく、、『当事者スタッフ』にとっては、、、、
ひとつの例えとしてやすらぎの里共同作業所の正規スタッフとアルバイトスタッフの、みんなの部屋での働き方を、労働条件を実際に見てもらったら、良いと思う。

これは皮肉ではない。本当のことである。

【精神病者】の通所者【役】が20人いれば【健病者】のスタッフ【役】が3人、社会健康労働保険年金全部コミ付き正規労働で、年収@@@万近くの職員になれるというものナノである。

しかも、しんどかったら、休み放題である。出退勤もほとんど、自由である。スタッフは、自由というより、どちらかと言えば、1700時過ぎたら、早く帰ってくれと言われるのである。顔色が悪かったら、早く帰って休んでくれ、と言われるのである。前の晩眠れなかったら、帰って寝てくれ、と言われるのであ

る。しんどかったら、真ん中の自立の部屋で寝ていてくれ、と言われるのである

あんまり一所懸命シゴトせんでもいいぞ、と言われるのである。あんまり根を詰めてシゴトしてたら、もっと休んでくれ、と言われるのである

新所長は、体調不良で、最も頻繁に長く、休んでいるのである。『感染症』に弱いのである、アンなにゴツい良いカラダをしているのに、、、

新職員は、やっと、落ち着いていられる職場に巡り会ったのである。いつもいつも、何年かいてるうちにナニか責任ある仕事を押し付けられそうになると、バックレるを繰り返してきたのである。

5年以上居られる職場は初めてですよ、、と言っているのである。なぜなら、患者会が設立し運営しているからである。

皮肉ではなく、、でも、しかしながら、、、、皮肉っぽく、ある種の【所謂いうトコロの発達障害者の社会復帰路線】に、最も理想的なある種の職場環境なのが、患者会設立の作業所かもしれないというのが、皮肉と言えば皮肉である。

だからこそ、その意味でも交流をしませんか、と、言いたかったのではあるが…

もっとも福祉スタッフ当事者スタッフ志望のハッタツ系のセーネンたちで溢れるのは、コマルのではあるが……

「しんどかったら帰りや、顔色ワルイで、、」

「賃金貰ってるていうタッて、ソンなにがんばったらあかん。病者がツカレてまうやろ。スタッフがソンなにシゴトしてたら、、、」

「ワシ等みんなよりスタッフの顔色がワルかったら、マズイで」

「はよ、帰りや、後は病者だけでやっとくさかいに」

「ねえやんのグアイワルイのやったら、その方が優先や。イクらでも実家に帰って手伝いしてきたりや、ナンナらワシらもサポートに行こか、困っているんやったらナンボでも言いや」

「姉さんのことで休むんなら、それは休みではなくて友の会の活動とみなすことにするしな」

「スタッフがみんな休んだって、かえってソレもエエねん。ソコでみんなの支え合って生きるが出て来るんやから、、ワルいと思わんと休んでやーー」

「ソンなに休め休め言うたら、かえって休めんで、、働いてくれやとタマには言おうや」

「ココは働かない権利言うとんねん、スタッフにだ

け働けとは言えんやろ」
「マズいですよ、ワシ等通所者よりスタッフの方が顔色ワルいってのは、、」
「昨日眠れんかったんなら、昼寝してきてくれや」
「愛さえあればそれでいいねん」
「また、愛ですか、、、面倒くさいなーー」
「愛とか人生とか、、、ここでソンなことを言っているは、、誰なんでしょうね」
「ソレはね、ナンとこのえばっちですわ、、、ワカッタ、ワシがワルカッタから、お願い昼寝してきて、、、、」
実際に、ここのセーカツを
見に来てもらいたかったなぁぁぁーー
味わってもらいたかったなぁぁぁーー

第九章　もさん緊急搬送後見人列伝

高齢一人暮らし病者が亡くなっていく、後見人がキメ込んでいく

もさんが、府立ら病院から、い病院に、転院していって、以来、何度、内科に搬送があったのだろうか、、、その度ごとに、お見舞いに、駆けつけた。

最初は、ほ病院へ原因不明の熱で、搬送されました。ボクたちが、面会に行くと、ご家族以外の方に病状は説明できないということでした。そして、二週間ほどの入院でしたが、毎日のように代わる代わる面会に行きました。病状説明の交渉しているうちに、い病院の主治医やpSWに連絡を取って、い病院では、準家族のようにみなして、説明している、ということを、ほ病院に話してもらって、ナントカしました。タイヘンでした。

その後、2010年には、なんと、SIADHになってしまい、意識不明の重体のまんま、お病院に緊急搬送されました。ここでも、同じような扱いをされましたが、毎日のように面会に行っているうちに、少しは病状を説明してもらえるようになり、これは、い病院のpSWの支援が大きかったです。つまり、い病院のpSWより、強く申し入れをしてもらい、その点は助かりました。しかしながら、お病院の主治医の病状説明には、うまくだまされたなぁー、という想いが残りました。「ナトリウムが流れていく理由はいろいろありますからねぇーーー」と言われて、安定したとたん、い病院に戻されました。

い病院に戻って、数か月して、硬膜下血腫と、左半身の麻痺で、き病院に搬送された時は、やはり、ご家族の方以外に病状は説明できないとされ、看護や主治医と揉めるというか、交渉というかしているうちに、胃瘻造設まで行われてしまい、一体誰の責任で、胃瘻造設がなされたのか、全く説明されませんでした。後に、い病院の主治医に訊くものの、最後まで、どちらの病院の誰のどのようなオーダーだったのか明確にさ

れませんでした。このころから、寝たきり状態になっていったように、思われます。

そして、再度、ほ病院に、不明熱で、入院となります。最初のほ病院と、またもや、同じような、やり取りを繰り返すことに為りますが、この時の、い病院の、やPSWのほ病院への口添えには、本当に、感謝しています。

もさんが、また、11月5日に、み病院へ搬送されました。い病院に戻って二週間も、経ってはいなかった。

前回の8月19日の緊急搬送の時から、ハナシ始めよう、か。いや、その前の、搬送も、アッタ、はずだ。もさんが、危篤となって、8月に、い病院から総合病院の、み病院へ緊急搬送となりました。

この二週間というものタイヘンでした。

今、ありがたいことに、なんとか、一命を取りとめそうです。もさんだけで、内科の総合病院に緊急搬送になるのは今度で五度目のことです。

最初は二回続けて、で、何年前だったか、ほ病院へ原因不明の高熱で、搬送されました。ボクたちが、面会に行くと、二回とも、ご家族以外の方に病状は説明できないということでした。そして、二回とも二週間ほどの入院でしたが、毎日のように代わる代わる面会に行きました。病状説明の交渉しているうちに、い病院の主治医やPSWに連絡を取って、い病院では、準家族のようにみなして、説明している、ということを、ほ病院に話してもらって、ナントカしました。タイヘンでした。

硬膜下血腫と、左半身の麻痺で、き病院に搬送された時は、やはり、ご家族の方以外に病状は説明できないとされ、看護や主治医と揉めるというか、交渉というかしているうちに、胃瘻造設まで行われてしまい、一体誰の責任で、胃瘻造設がなされたのか、全く説明されませんでした。後に、岩倉病院の主治医に訊くものの、最後まで、どちらの病院の誰のどのようなオーダーだったのか明確にされませんでした。

四度目は、なんと、SIADHになってしまい、意識不明の重体のまんま、お病院に緊急搬送されました。ここでも、同じような扱いをされましたが、毎日のように面会に行っているうちに、少しは病状を説明してもらえるようになり、これは、岩倉のPSWの支援が大きかったです。つまり、い病院のPSWより、強く申し入れをしてもらい、その点は助かりました。しかしながら、お病院の主治医の病状説明には、うまくだまされたなぁー、という、思いが残りました。「ナトリウムが流れていく理由はいろいろありますからねぇーーー」と言われて、安定したとたん、い病院に戻されました。そして、今度の、五度目の、み病院なわけです。一時、危篤状態でした。

その時のことだったのか、、未だによく思い出され語り継がれているハナシがある。あれは、み病院の女医さんに、いきなり、ホンとにいきなり「欧米では、高齢の誤嚥性肺炎には積極的治療を施さないのが、スタンダードである」と、突然に確信をもって言われた。不意を突かれた僕たちは、反論することもできずに、もさんのベッドサイドに立ちくして、そのご高説をただ、聞いていた。反論することもできなかったんですよ。『医者の権威』とは恐ろしいもので、僕たちは、呆然と立ち尽くしていた。今思うと、もうちょっとでもさんが『殺されていた』とゾッとする。この時のことは、今も、たびたびみんなの部屋で話されている。反省と自戒と悔恨と怒りをもって、語り継がれている。もし、もう一度コンなコトを言われたときは、立ちすくまないで、キーサンとしての怒りを爆発させようと、言い合っている。

一体、何回、緊急搬送されたのか、よくわからないぐらいだった、書いていても、混乱してくる、おそらく混乱したまま、書いている、、思い出せない、その度ごとに病状説明はご家族以外には、できませんと、何度、聞いてきたことか。

ただ、今回の七度目になる、もさんのことについては、今までとは、まったく質の違う、とてつもない、非常ナル憤りを感じました。

それはなにか、、、

ここ、一年半ぐらい前から、い病院がつけた『後見人』トイウモノガなんと、「積極的延命措置を要しない」というスタンスを取り続け、もさんを三十年近く宇治の、ら精神病院に入れ続けてきた、そして面会にも、来たこともないような弟さんからの、なんらかのペーパーを持ち出してきて、そう言うのです。

しかも、後見人から、たった一本の電話で、
「法律的には友の会の方には権利はない」
「法律的にはそちらの話を聴く必要はない」
と言われた時には、怒りを通り越し、これはもはやな

んというか、エバッチ的には「これは、もはや、人殺しである」という事態に立ち至りました。

今までも、ここ、十年の間、緊急搬送は六回もあったのですが、とにもかくにも、なかまが、い病院から内科の総合病院に緊急搬送されるたび毎に、駆けつけて、面会し続ける我々に、「家族以外の方に病状説明はできない」という事態を、その都度、乗り越えてきました。

つまり、友の会やすらぎの里のベッドに横たわっている重態のなかまを、なかまが、面会し続け、そしてそのなかまとのセーカツを 説明し続けていると、向こう側も、それなりに理解を示し、説明をしてくれるようになってきていました。そこは、危篤のなかまのまえで、ニンゲンの心情だったわけです。

そうやって、六回は、乗り越えてきたのです。が、しかし、今回は『後見人』なるものの心のまったく通わない、人間味のかけらもない、

「そちらには、法的権利がない」

「法的に必要性を感じない」

という、一本の電話で、終わってしまいました。

本人は、一時危篤でしたから、今も、好転しつつあるものの、予断はゆるさない、そういう状況です。

そこに、『後見人』から、総合病院の主治医への「積極的延命措置を要しない」

「本人の医療状況の説明は私が受ける」と、面会にも来ないまま、電話一本で、やったようで、タイヘンな事態となりました。

ただ、一度も面会に来ない『後見人』よりも、この二週間毎日面会に行き続けている友の会やすらぎの里の方に、主治医が、親近感を持ってくれたようで、ギリギリの法の範囲内で、我々に、刻々と、報せてくれ、最終的には、もしも、の場合、電話連絡は、こちらの方にするので、その時は、30分以内に駆けつけて欲しい、という、申し合せになりました。

ありがたいことです。

だから、この間、所長役のなかまと、えばっちの携帯電話は、二十四時間体制の延命措置の連絡電話になっていて、タイヘンデシタ。

ほかのなかまも、イロイロな意味で、シンパイしており、そして、たくさんのなかまに、もう既に『後見人』がついていることも、分かってきました。

そもそも、我々キーサン患者会のキーサンは、ほとんどが、家族から、精神病院に捨てられてきたので

す。縁が切れているのです。家族は、我々キーサンを厄介者として精神病院に強制的に入れてきたのです。家族は、我々を精神病院に無理やり閉じ込めてきた『敵』だったのです。

だから、この『後見人』という、制度が前提としている、家族が良いのだ、ナントカ遠縁でも探してきて・・・という在り方とは、まったくチガウのです。

れさんは脳梗塞で、き病院に運ばれました。この時も、家族以外には病状説明ができないと、揉めました。でも、この時は、医学生時代に、友の会に遊びに来ていた、く君が、ナントここの医長になっていて、く君がその揉めているところに入ってきてくれて、ナントカなりました。く君が医学生時代というのだから、アレは何年前のことだったのか。

なさんも、い病院で食事を喉に詰めて心肺停止で、ほ病院に緊急搬送されました。この時も、まるっきりの意識不明の危篤状態で、ICUに入っていました。もちろん、毎日のように面会に行くボクたちには、病状説明はできないということでした。しかし、さすがに、病棟の食堂で、食べ物を喉に詰めて心肺停止になっていたわけですから、それもあってい病院の主治医から、ほ病院の主治医に、強い申し入れがあり、やすらぎの里から一名、前進友の会から一名の、二人が、みんなを代表して詳細な病状説明を受け、終末期医療の相談も受けました。意識不明のまま、半年間頑張りはりましたが、結局亡くなられ、い病院の霊安室でお通夜もお葬式もやりました。い病院の共同墓への納骨も、ボクたちが、やりました。このいきさつで一番よくおぼえているのは、意識のない、ガリガリになっている、なさんへの、鼻チューブ栄養のカロリーを徹底的に下げようとする医者と、少しでもカロリーを上げようとする友の会との、交渉につぐ交渉が、あったことでした。ちょっと、酷かったなぁ、あのカロリーの減らし方は。この半年間は、ほ病院には、週三回は、みんなで、かわるがわる、行きました。

今日、こさんが亡くなった。

また、ひとり、キーサン人生を生き抜いて、精神病院で亡くなっていった。亡くなる前日が、月曜だった、だから、ホントウに前日に友の会の週一のい病院訪問で、会うことができたのだった。

や君といつものように、10人にも上るなかまたちを見舞ってくるのだけれど、こさんは、その日、僕の手を強く握ったまま離さないのだった。両手で強く握って離さないのだった。もう少し、長くいてたらヨカッタ、と、そう想う。

その日は、4年に一度の、2月に29日がある日だった。今度は、見たこともない牧師が、霊安室を仕切っていた。今回は、後見人ではなく、牧師が出てきたのである。

その牧師は、一度も、面会に来たことは無かったのである。でも、その教会で立派なお弔いができたのは、ヨカッタとは思う。でも、その牧師も信徒さんたちも、一度たりとも、い病院には来たことは無かったようなのである。

第十章　みんなの部屋レク列伝

前進友の会恒例喰いしん坊レク一年間数珠つなぎ

年末年始は、みなさまは、如何お過ごしでしたか。なんというても、やっぱり、年末年始といえば、我々キーサンというか、精神病患者というか、病者というか、にとっては、魔の季節、恐ろしい季節ですね。みんな、休みで閉まります。デェイケアも、クリニックも、病院も、作業所も、そう、何もかもが閉まってしまい、しかも、世の中は、ジングルベルジングルベルだの、もういくつ寝るとお正月だの、お正月は家族で海外で、だの、と、幸せムード全開で、地獄のように迫ってきますから、孤独に襲われることも、多いのでは、、、と、思います。

そこで、前進友の会では、年末年始、盛りだくさんの喰いしん坊レクが続きます。まずは、大掃除デス。大掃除はレクとは言えないか、もちろん、自由参加デス。この時に、翌日のクリスマス餅つき大会に向けて、みんなの部屋が、餅つき、お正月仕様に生まれ変わります。しかも、年賀状を発送します。お正月に、年賀状も無く、そして、ドコも閉まっていて寂しいなかまも、多いかもと、盛大に大目に、たくさんの方に、御年賀状を送ろうではないかと、毎年、奮闘しております。名簿も印刷も、ケッコウタイヘンであります。なかまの一人が、つきっきりで、毎年、やっております。

そして、いよいよ、クリスマス餅つき大会。昨年は、25日に、17か18人ぐらいで15キロのもち米を、お餅にいたしました。お客さんも、ライターのあさんに来ていただき、お餅を丸めるのをお手伝いいただきました。有り難いことです。えばっちは、お餅を七個も食べてしまいました。四個は、おろし醤油餅で、二個は、砂糖醤油餅で、最後の一個は、なんと、善哉に黄な粉を振りかけた、黄な粉善哉でいただいたのであります。素晴らしく、美味しかったのでした。しかも、それに、ケーキと、御赤飯もいただきました。クルシいぐらい、食べてしまいました。うーーー喰いしん坊なのでアリマシタ。もちろん、い病院に入院中のなかまも、送迎車を出して、二名参加で、タップリと、食べて帰っていただきました。でも、このところ、高齢化と、クスリの副作用もありで、嚥下がシンパイななかまも、多くなり、お餅は、少し、怖く、も、ありで、気を付けなければならないですよね。ジッサイに、ひとりのなかまは、お餅を自主規制して、食べれなかったのデス。それも、含めてのクリスマス餅つき大会デスカネーーー。

さて、お次は、大晦日の、年越会デス。この時の名物は、巨大かき揚げの載った年越蕎麦、巨大丼ぶりでいただきます。お蕎麦の量も半端じゃあない。このかき揚げ、載せるのは、自由というコトで、えばっちは、ナンと三個もノッケテ食べたのでした。うーーー喰いしん坊だなぁぁぁーー。本当に巨大なかき揚げナノで、うまく伝わらないカモですが、とにかく巨大で、美味しいんですよ。そして、紅白歌合戦に突入ですが、出入りが自由なので、歌が苦手ななかまは、早く帰ったり、最後まで見ているなかまは、新年まで、いたりと、自由に過ごしています。

そして、新年最初の食事会は、もちろん、お雑煮、そう、京風白みそお雑煮なのであります。具だくさんで、濃厚な和風の白みそ雑煮は、一度食べてみる価値有りなんデス。京都以外から出てきたなかまにとっては、最初はビックリなんではアリマスが、食べてみると、此れが、実に美味しい。ヤミツキになるお味なんですよ。濃厚な和風の出汁の効いたお雑煮でアリマス。大好きになってくるんですよね。えばっちは、自宅では、おすましの北海道風田舎風お雑煮で、友の会では、京風白みそお雑煮の、二種類のお雑煮を食べられるのデス。ありがたいことです。どちらも、実に美味。で、お餅大好きだし、食べ過ぎで、当然に、お餅腹になってシマウのデス。

なんだか、食べ物のハナシばかりでしたが、ナントカこうして、みんなで集まって、みんなで美味しいモノをいただいて、年末年始を、無事に過ごし、新しい年が始まるのでした。

そして、年初めの最初のお出かけレクは、初詣レクなんでアリマス。京都ですので、神社はたくさんあります。ドコへ行こうかなナンてミーティングで毎年話しながら決めてます。このところは、毎年のように、平安神宮、藤森神社、伏見稲荷神社と、行き先を替えながら、年の初めに、みんなで、お出かけし、そして、喫茶店にて、コーヒーなんか飲んで帰ってきます。どちらかといえば、喫茶店にいる時間の方が、長いのではアリマスが、ソコはソレ、初詣レクというコトで、今年は、御香宮にお詣りして、近くの喫茶店に行って来ました。偶然にも、入院中のなかまと、バッタリと駅で出会い、そのマンマ初詣に行ったのでした。年の初めから、幸先が良いかもです。

二月に入れば、スグサマ、節分恵方巻き、恵方ロールレクでアリマス。このところ、豆まきは、しなくなりました。まぁ、ボクたちが鬼なんで、「鬼は外」というワケにはいかないのでアリマス。モノを投げるぶつけるというのが、苦手ななかまも、多いですので、いつしか、前進友の会の節分レクは、豆まきを省略して、恵方巻きと恵方ロールをいただくという、喰いしん坊レクにナッタのです。恵方ロールというケーキまで、いただいております。豪華版アサリの味噌汁付きでした。美味しかった。みんなで、お金を出し合うから、みんなで、集まるから、アサリです。一人だと、シジミの味噌汁も食べられないかも。うーーお腹、パンパンパン。ホントに喰いしん坊レクの数珠つなぎでありまます。

そして、毎年、二月中旬ごろには、冬レク新年宴会レクでアリマス。何時ものように、何時ものホテルで、琵琶湖を眺めながら、超豪華ランチヴッフェ温泉入浴日帰りレクなんでアリマス。豪華なんですよ。ヴァイキングなもんで食べちゃうんですよね。しっかも、日ごろ見たことの無いような、名前も覚えられないような、御馳走の数々を90分一本勝負の、豪華ホテルの豪華ランチ、こういったトコロには、みんなで来なきゃ、ゼッタイに来られません、って。患者会で、団体で来るから、来れる。良かった。ホテルに入った途端のアの煌びやかなロビーで、その雰囲気に圧倒されて、出てきちゃいそうにナリマスもんね。日頃は、まったくキーサンには縁のないトコロなのではアリマスが、ソコで、みんなで行けばナントカなる、年二回、豪華美味しいモノをたらふく、日ごろ見たことも無いモノを腹いっぱいいただいてきます。一人では行けん、みんなで、集まらないと、行けないのです。

特に今年の冬レクは、サイコーでした。みんなで、18人のなかまが、ワイワイと、豪華ランチヴッフェを堪能しました。お客様はライターのあさん、そして、懐かしい15年前のアルバイトスタッフ、のさんが、岐阜より参加で、盛り上がりました。ホームページに写っても良いというなかま15人での写真をご覧に為ってください。あっ、それから、お料理の写真もね。ハンガリー風牛肉の煮込み料理、低温じっくりローストポーク八角風味、スパイスたっぷりタンドリーチキン、甘鯛のオーブン焼きで、牛豚鳥魚の四種の御馳走、ソースもそれぞれにサイコー、実に満足、実に美味、実に量もタップリ。そして、パエーリアには、ムール貝がたっぷり、に、イカエビプラス近江鳥も入って、えばっちは、二杯おかわりに。お刺身というか海鮮丼には、ハマチ、甘海老、サーモンそれにブリがドーーーンと。三杯もおかわりしてしまいマシタ。食後のデザートには洋ナシのコンポートが、缶詰じゃなくて本物の洋ナシで、ソレに合わせた杏仁豆腐は濃厚な味わい、ケーキももちろんアイスクリームも、そして近江棚田米のライスプディングという品揃え。ライスプディングというモノを初めて食べてみましたが、甘さ控えめで、実に、美味しかったです。

そして、小広間でワイワイ歓談しつつ、チョットだけ何人かが自己紹介、懐かしい15年前アルバイトスタッフだった、のさん、金曜の現アルバイトスタッフのおさん、ライターのあさんが、お話しされた後、ふ代表の音頭で、一本締めをしました。特に15年ぶりになるのさんとの再会には、みんな懐かしいなぁぁぁと旧交を温めました。また、初めてのことだったのですが、鉄道ファン「乗り鉄」のなかまが二人そろい、凄い駅名の連続技で、盛り上がっていました。その後、希望者は、四階空中露天風呂温泉に。本当に、大満足のレクでした。

あーーー食べ過ぎて、お腹が、パンパンに。それでも、思うのです、チーズフォンデュファウンテン為るものに手が出なかったのが、心残り、アレは、どうやって食べるんでしょうかねぇ。誰か、今度、教えて貰えないでしょうか。アーーー喰いしん坊だなぁぁぁーー

三月の梅見レク、は、本当に凄い青空でした。随心院の梅は、満開でした。その梅の下には、雪柳が。だから、雪柳の白、そして随心院の梅は、はねず色です。はねず色、朱華とも言うんですが、スンゴい朱に近いオレンジにも近い鮮やかな、それでいて、薄目なカンジの赤色です。はねず色の梅の花、その上には真っ青な空という、コントラストでした。熱いぐらいでしたので、みんなで、休憩しつつ、一通り梅園を回った後は、ケッコウ行きつけの喫茶店で、みんなユックリしました。アイスコーヒーが美味しかったです。今回は、古いなかまも参加して、10人くらいで、本当にノンビリと話もできたレクでした。例年のはねず踊りを見たことのあるなかまは、ヨカッタでぇ、と、その話

も出て、そして、友の会の日々のセーカツなども、このところ来ていないなかまの事なども、なーーんか落ちついてハナシができました。ありがたいことです。

四月には、もちろん、お花見レクです。そのムカシはナンと、ブルーシートしいて、炭火をおこして、焼肉大会をしていました。桜の花の下で、焼肉大会で、いったいドレほどの肉を食していたのか、凄いかったですよ。このところは、もう、お肉がシンドイという意見も出てきて、また、炭火の準備や撤収もシンドイという意見も多くなり、和風お花見弁当をいただきながら、疏水べりの、ほとんど、桜が散ってしまった、少しばかり桜が残った葉桜のしまいくちといった風情の、桜の木の下で、ゆっくーーりと、まったーーりと、過ごしています。満開の時期は、あまりに人が多いので、毎年、友の会の花見は、葉桜の花見なのです。人も少なく、青空の下、みんなでお花見弁当をつつきながらゆっくりします。今年は、特に、温かくて、お天気に恵まれて、青空のもと、桜の下で、入院中のなかまも、保護室から出して貰えて、みんなで、ユックリしたのです。

前進友の会のレク、ということで、やると、保護室に入れられているなかまや、行動制限をされているなかまも、主治医の了解を取りやすく、ナンダカこのところは、あっさりと外出などが認めてもらえるようになり、これも、レクにこだわり、レクをやり続ける、意味のひとつかな、と、思うのです。そして、このレクの外出をきっかけに、行動制限や保護室から出られるということも、実は、キッカケとしては、患者会レクの意味かなと、思うわけです。

つまり、友の会第一世代から続く、教え
「えばたくん、患者会は食事会とレクやで」
という、一見単純でありながら、実は、深い意味なのかなと思うンですヨ。

五月には琵琶湖浜大津渚公園レク、愉しみです、が忙しくて無理そうです。例年、風薫る五月に、みんなで琵琶湖の渚公園でゆっくりするのですが、今年は、NPO総会や、いろいろなことが重なり、延期することにしました。しかしです、しかし、われわれ喰いしん坊は、「たまり場らくよう」の焼肉大会に、五人と、肉1キロとともに、参加したのです。花見の宴では、焼肉がシンドイということで、お花見弁当になっているのですが、若い（若いと言っても40代後半が主力）焼肉が食べたい、というなかまたちにとっては、なんとかならないものだろうか、という強い思いが募っていたのですが、いい思案が浮かびました。23年前から、ら教会にて月に一度の催しとしてずっと続けていた「たまり場らくよう」（友の会の在り様とはまた別の趣旨の病者のたまり場があっても、いいかなと思い、続けていたものがまさか、20年以上も続くとは、思っていなかった、ら教会の皆様のチカラが大きかったです）が、毎年五月には焼肉大会をしていたのです。ちなみに一月は、お鍋大会です。この「たまり場らくよう」の催しに、肉を持って参加するというのは、交流にもなり、こちらも肉が食べられ、ら教会の方としては焼肉の肉量が増えるというコトで、三方一両得ということで、参加してきたのです。なかなかに素晴らしい交流になりました。懐かしいなかまとも再会でき、焼肉も大変美味しく、〆の一品焼きそばもまた、実に美味しく、婦人部の皆さん手作りの果物ゼリーも大変美味しかったです。一方その日、みんなの部屋では、食事会があり、交流組が焼肉なら食事会組はウナギだ、ということで、『暑い夏には、食事会、土用の丑の日、うなぎレク、略称うなレク』を先行実施したわけです。実を言うと、夏が近づくほどウナギの値段が高くなるので、五月にやったわけです。良かった。

こうして、こういう、余所さんのレクに交流というレクスタイルも有りかな、なんて、思うわけです。来年は、恒例の浜大津渚公園レクをやりたいものです。そうそう、ＮＰＯ総会も、無事に完了致しました。夏には、でもやはり、うなレク、やりたいです。

そして、もうはや、秋かも、でも、友の会恒例夏レク、友の会が先にあったのか、夏レクが先にあったのか、という、友の会最大のレクでアリマス、この頃は、大体いつも、九月頃十月頃にナッてしまった夏レクです。暑いので、体調優先なわけです。高齢化なわけです。

いよいよ、夏レク本番、今年は９月28日に総勢十七名にて、開催でアリマス。特に今年の夏レクは、二チームに分かれました。肉料理が苦手という意見や、落ち着いた雰囲気で愉しみたいという意見などもあり、この際、思い切って日本料理のレストランと、何時ものランチヴッフェレストランと、それぞれ希望のトコに行ってみるという趣向を試したのでした。それぞれのチームが、それぞれに、たっぷりと豪華ホテルのランチを堪能してきたのでした。日本料理のレストランでは、しっとりとした味わい深いランチ懐石料理だった様子で、秋の箱庭八寸と松茸と鱧の土瓶蒸しという、豪華な落ち着いた懐石料理をユックリ味わったとのことで、いい雰囲気だったそうです。ウーーンいいなぁぁぁーー。

一方、ヴッフェレストランチームは、いつものように、美味しいものを大量に食べたのでした。ローストビーフフォアグラソース、コレが、実に檄ウマ美味しかったです。ムサカという秋ナスと牛肉のグラタン、鶏もも肉のバスク風煮込み、カシューナッツと醤油キャラメルの鶏もも肉の甘辛揚げ、松の実豚トロ香味焼、サーモンの炙り焼きノルマンディーソース、太刀魚のから揚げ柚子みぞれ餡と、牛豚鳥魚ぎゅうとんかしわさかなというすべからくの御馳走、ソースもそれぞれに工夫があって、どれ一つとして同じ味は無いのが凄いです。しかも、イクラが散りばめられた鯛の薄造りは中華風でした。食後には干し無花果とモッツアレラチーズの生ハムサラダが、まるでデザートのように美味しかったです。あっ、最初に食べるべきだったのか……、ケーキももちろんティラミスやモンブラン、アイスクリームも、そしてパンプディングとお月見団子、という品揃えで、甘いもの圧巻祭でした。

お客様はライターのあさん、そして、公認心理師反対のシンポジウムで一緒になった二名の方の参加で、盛り上がりました。何といっても、あの時のシンポジストのお一人と、くちゃんの「エアー卓球」はものすごいモノで、あの大広間が湧きました。そう、今年はナント大広間でゆっくり過ごしたのでした。「金屏風付き大広間でエアー卓球かな」ホームページに写っても良いというなかま15人での写真やエア卓球の写真など、ご覧になってください。お料理の写真もご覧になっていただければと思います。エアー卓球観戦しながら、ワイワイ歓談しつつ、チョットだけ何人かが自己紹介、あのシンポジウムのお二人と、そしてライターのあさんです。その後、ふ代表の音頭で一本締めをしました。希望者は、四階空中露天風呂温泉に。本当に、みんなが、大満足のレクでした。次回冬レクも、二チームに分かれて、それぞれの行きたいトコへ行ってみよう、というハナシで、盛り上がりました。

年に二度冬と夏の、豪華レクです。本当にロビーで引き返したくなるんですよね、豪華ホテルのアの雰囲気に圧倒されちゃって。でも、会として、みんなで、行けばナントカなる。とても、一人では行けないトコロなのです。これも、団結のチカラか。ともあれ、あのホテルで、如何にも精神病患者という、フツーじゃない団体さんが、年に二度、愉しむのは、今のこのような世の中の流れの中では、とてもとてもとても、大事なコトだと、思うのです。

でもまぁ、あーーー食べ過ぎて、お腹が、パンパンに。それでも、比叡湯葉フカヒレスープ為るものを味わえなかったのが、心残り、アレは、ドコにあったのでしょうかねぇ。惜しいことをしました。アーーー喰いしん坊だなぁぁぁーー

そして、いよいよ、紅葉の季節、今年は総勢12人で、宇治萬福寺に紅葉見物レクに行って来ました。紅葉の穴場です。12月1日と、少し日程も遅めにしたのですが、それにしても、空いていてゆっくりと広い境内を巡ってきました。とても、綺麗でした。今年の紅葉は、本当に綺麗です。でも、まぁーなんと、紅葉見物に境内を回ってきたのは6人だけだったのです。あとの6人は何をしていたかというと、1名は終わり間際に到着するという遅刻で、みんな帰るところに総門到着でした。1名は総門の段差を越えることができず断念。1名は総門を入ったところで力尽き、そこのベンチに座り込んでいました。入院中の1名は、せっかく来たのですが、病状のせいか落ち着かず、総門と駐車場の車の間を行ったり来たりして過ごしました。後2名居るはずでは、、そう後の2名は、もうめんどうくさいや、ということで駐車場でダベッていたのでした。ところが、これが精神病者の患者会のレクの現実の姿だと、コレぞキーサン患者会だというコトで、とてもとてもの大好評なのでした。良かったです。だから記念写真は、駐車場で撮って帰ってきたのでした。綺麗だった紅葉の写真なども、どうぞ。コレもまた患者会のレクの患者会らしい一断面なのでした。いいなぁぁぁーー。

ついについーーに、一年間喰いしん坊レクの数珠つなぎ一周してしまいましたぁー。「前進友の会喰いしん坊レクの数珠つなぎ」最終回は、2016年の12月27日、クリスマス餅つき大会で御座います。もち米は、ナナナナなんと、16キロもアルのです。スンゴいコトでアリマス。本日はえばっち、欲張ってお餅を五個も食べてしまいました。昨年は七個、この二個の違いが大きいか。でも、砂糖醤油で三個、おろし餅で一個、ぜんざいで一個、で、つき立てのお餅五個なのでした。それに加えてのプリンアラモード1個、赤飯一皿、とても美味しいお菓子を大量にいただいてしまいました。そんなこんなで、みんなそれぞれに、つき立てお餅を丸めるそばから、お餅を食べたのでした。そして、ケーキも、たっぷり。イチゴショート、ベイクドチーズなどもアッタのですが、今回初のプリンアラモードが真っ先に売り切れておりました。交流のお客

様方が、お土産にと持ってきていただいた、高級な和菓子もたくさんにあったのです。ありがたいことです。今年なんと、金つばは８０個もいただいたのでした。今年最後の日に、交流のお客様四人、みんなで18人はいたのではないでしょうか。新しく入った20代の若者もお餅が大好きだとのこと、入院中のなかまも二人とも愉しくやっていたのでした。ライターのあさんとミスターがハナシが弾んでいるヨウなのでした。とても賑やかで、一年の締めくくりとしては、ほんとうに有り難いことだと思いました。

２０１６年、とても素晴らしい一年であったのではないでしょうか。今日ここでクリスマス餅つき大会をやったなかまたち、イロイロ事情や病状で本日参加はできなかったけれど友の会と共に在るなかまたち、交流にきてくれはったお客様のみなさん、そして病院にいるなかまたち、亡くなってアッチにいるなかまたちみんなが、いたのでした。だから、感謝したいと思います。来年も素晴らしい年にしたいです。それではみなさん、年越会もありますが、一応、本日をもって前進友の会やすらぎの里みんなの部屋の２０１６年の締めくくりとしたいです。みなさん、良いお年を。２０１７年も楽しく過ごしましょう。

アーーーしっかし、なんとか、
このお餅腹を、焼肉腹、うなレク腹、冬レク夏レク豪華ヴァイキング食べ放題腹を
なんとか、せにゃナランのですが、、、ウゥゥーー、、、
ナントモナランデスワ、、、、
それでは、みなさん、何時か、交流がてら、
一緒に、過ごしてみませんか、
友の会の一年間の喰い心坊レクの数珠つなぎ、
特に、年末年始を始め、それぞれに、季節ごとに、
世間様が賑やかに愉しげにしている時期に
一人で過ごされている、みなさん、良かったら、どうぞ、
一人でいるより、みんなで集まって、
みんなで美味しいモノを食べて、
みんなで愉しんで過ごすのが、
患者会をヤッテいく意味カナァァァーーなんてね
古いコトバですが『団結』というコトバの意味かな
弱いモノ差別されるモノが、
ツラいモノ、クルシいモノ、シンドいモノ、寂しいモノが、
貧乏なモノ不遇なモノ病気のモノ障害のモノが
生き延びるためには、肩を寄せ合って、身を寄せ合って
『団結』シテ生きていくしかナインですよ

その生き延びんがための『団結』がゲンジツ化すると　　ありがたいです
　『患者会』と為るダケのハナシですよ
ソレが、逆に、我々は『発達障害』なもんで、、
『団結』『支え合い』ナンてしませんよ
　と、なった時、それは、ナントイウか、
　　いやはやドコかで、
このニホンの精神医療や福祉や司法や行政や
裁判官や法廷や内閣や議員や医者や弁護士や
法律や第三者機関タラ適正手続きタラを
　信じちゃってるオメデタい人たち
　ナンだろうなと、思うわけです
　結局は『T4作戦最終処分場』
『最終解決施設』に連れていかれるトモ
　知らいでか、と、思うわけです
　　ココが、発達障害者と
　キーサン患者会のキーサンの
　　　チガイかな
ホントウに、『団結』シカナイン
　　ですよ、ホントウに
しかも、だから　みんなで居るから
　美味しいモノをたらふく
　　食べられるのデスヨ！

第十一章　暴力精神医暴力看護士列伝

看護士精神医の暴力で殺されないようにしなきゃいけない

精神病院の中で、殺されないようにしたい、ということと、半端者センセイ五職方向にうまくころがって、医療職、福祉職、教職、研究職、創造職方向に転がって、いかに自己実現を成し遂げるのか、ということが、同じ『生きにくさ』『生きづらさ』と説明されてしまって、良いモノか、バカバカしい。

精神病院の中で、暴力担当の看護士や医者に、殴り殺されないようにしなければ、責め殺されないようにしなければ、というコトと、一緒になることか、アホらしい。

CVPPの研修を受けたヨウな、い病院医局長君のような暴力医者に、制圧かけられて、引きずり倒され、膝蹴りを喰らわされないようにしなきゃならない。それも、二発もやられた。しかも、ニープレスに見せかけるという悪辣さだ

制圧するときに、ニープレスに見せかけて、膝蹴りを入れている。ビデオに、写ちゃってイルンだから、ドウシヨウもない。前進友の会やすらぎの里のホームページのビデオ集の中にある「２００７年の病地学会」と云うビデオの7：25から、画面の左下側をジックリと見るがよい。ナカナカのモノである。

ヤッタ側は忘れても、貰った側は忘れない、よ。それでも、否定し続ける、というのが、精神医のさがのようなもの、なわけなのだが、、、

いつもの様に、毎週月曜恒例のい病院へのお見舞いをしていた時である。『暴力事件発生、暴力患者発生、制圧係は全員集合せよベル』が、ウォンウォンウォンと鳴り始めた。こういう時、い病院医局長君のような医者に殺されないようにしなきゃならない。

たまたま、月曜のお見舞い巡視活動中に、それは、おきた。五病棟にいてた時、ウォンウォンウォンと鳴り始め、この音はナンなんやろな、と、思っていたら、

向かいの病棟から、い病院医局長君が、颯爽と飛び出していった。耳をつんざくような音なのではなくて、わりと、低い音なのが、恐怖を誘う。わらわらと、他の看護士や医者たちも、階段を駆け上がっていった。

ナンゾあったのか、と、医局長君と一緒に、二階に上がってみれば、六病棟で、まさに、2007年の病地学会でのでき事が病棟の中で、繰り広げられていたのが、遠くから、見えた。やはり、アレは、実際、病院の中で、やられていたんダ。

ケッサクなのは、一息ついて、ヤレヤレといった、おもむきで、他の医者や看護士たちは、三々五々、戻ってきているのだが、何人かは、戻ってこず、まだまだ、騒然としている。モチロン、い病院医局長君は、戻っては来なかったんデスヨ。

病院に一人か二人は必ずいる、暴力行使担当の看護士の醜い姿なのであった。

しかし、精神医が、その担当に、自ら志願して為るのは、珍しい。それは大概、いかつい看護士のオシゴトなんですがね、、、

医局長君は精神医なのだが、暴力担当に自ら志願してなっていくのは、余りに珍しいので、もちろんのことなのだが、い病院の面会の度に、その動向を観察するようにしているのである。

殺し担当の看護士まで、存在するのが、精神病院というトコロなのである。十全会病院は、昔話になったのではない。上塗り化粧を施されただけで、まだまだ、存在するのである。

このところの「老人施設」での引き続く暴行事件を見てみろ。精神病院内での自らの暴行動画を得々と撮っている看護士もいる

家族がずっと狭い狭い檻に閉じ込め続けていた事件を覚えているだろうか。

酷過ぎるぞ。酷過ぎる。

ソコ、は、ほったらかしか、オイ

それで、発達障害減薬音頭で、踊るのか、オイ

「石郷岡病院」では、まだ、保護室で患者の首の踏み折である。い病院でも、このありさまである。時々、衣の下の鎧が、透けて見える。い病院デモ、い病院スラ、ということか。

肛門科は医療なのだが、精神科は拷問課なのである。肛門科か拷問課か、、、

そうだ、あの時、信州のあの病院のあの時のことも、書いておこう。自分自身のことなのだから。

ここに古い新聞記事がアル。「信濃毎日新聞1989年6月28日付」の新聞だ。

いきなり、本当にいきなり、走ってきて、医者が後ろから、飛びかかってきてリノリウムのあの固い冷たい床に、殴り倒された、すさまじかった。上から馬乗りにされて、首を絞められ、それでも足りずに、今度は襟首を掴まれて引きおこされて、何度も何度も、顔面を殴られた、平手じゃない拳骨だった。

倒れてしまった時は、ほとんど、気を失いかけてた。周りに呆然と、立ちすくんでいた患者さんたちや、看護婦や、作業療法士たちが、まったく、身じろぎもせずに、凍り付いたかのように凝視していた。

まるで、時間が止まっているかのような、スローモーションのような、不思議な感覚だった。

精神医が、後ろからとびかかって、一方的に患者を殴り倒して首を絞めていたんだから、それは、凄いことだった。

ボクは、ようやく看護士か誰かに助けおこされた。よく憶えていない。ともかくも、病棟に戻ると、さすがの病棟婦長が、おれを一瞥して、青くなっていた。

後で鏡を見ると、顔と首の回りが、ナントモハヤ、赤や青やで凄いことになっていて、誰が見ても、ナニカあったと、わかるわけだった。

酷過ぎる、まだまだ、本当に、酷いのが現実なんだ。それで、発達障害減薬音頭で、踊るのか、オイ。

ナニガ生きにくさナンヤ
ナニガ生きづらさナンヤ
ナニガ引きこもりと精神科ナンヤ
舐めルンジャアーーねえぞオイ
精神病院に入れられたら、
施設に入れられたら
まずは、看護士と医者に、殺されないように
気を付けなければならないのだ
ヘルパーに殺されないように気を付けなければならないのだ
オイ、本当に、ワカッテいるのかよ、オイ
まずは、部屋のボス患者と、病棟のボス患者に、
眼を付けられないように
気を付けなければならないのだ

精神医に、いきなり、後ろから襲われて、殴り倒されて、首を絞められないようにしなきゃならない。

盗みをしたからと、言われて、十年近くも保護室、なんてトコ入れられて、殺されないようにしなきゃならない。

看護士に、壁に頭を叩きつけられて、殺されないようにしなきゃならない。

夫婦者の看護婦看護士に、電気ショックで、電気ショックの生掛けで殺されないようにしなきゃならない。

配膳係のごっついアル中の患者に、飯を食うのをせかされて、ごはんを喉に詰めて、殺されないようにしなきゃならない。

腹を立てた看護士に、首の骨を踏み折られて殺されないようにしなきゃならない。

看護士の集団リンチで病院の地下室でマットで簀巻きされて、放置されて、殺されないようにしなきゃならない。

閉鎖病棟の、保護室の中の、四肢拘束、それも五点張りで、身動き取れないのにずっと縛り付けられて、自分の吐いたもので窒息して殺されないようにしなきゃならない。エコノミー症候群みたいになって、肺栓塞で、殺されないようにしなきゃならない。

府立ら病院のように、看護士が嘘言って、患者側が襲いかかってきたかのように嘘言って、患者を殴る看護士の居るトコロに、心神喪失者医療観察法病棟新築された挙句に、その中で殺されないようにしなきゃならない。

朝倉病院で、滝山病院で、神出病院で、大和川病院で、十全会病院で殺されないようにしないといけない。

ゼーーーーーンブ本当のコトなんですよ。

看護士や精神医の暴力で殺されないようにしなきゃいけない。

この精神病患者の
精神病院や精神医や看護士に、
暴力を振るわれないようにして生き延びたい、
この精神病患者の
精神病院や精神医や看護士に、殺されないように
生きたい
若しくは、生き延びてみたかったと、という、
生き延びてみたかった、今は、精神病院の共同墓
の中だ
という、怨念が、

今流行りの『生きづらさ』と、同じものだとは、
到底想われない
同じだと、言い募る、ハッタツ系や、ＡＣ系や、
障害学系の、学者だか、当事者だか、活動家だか、
博士だか、
ナンカ知らんが、
当事者性看板型翼賛発達障害おひとり様ＮＰＯリ
ヂチョー当事者スタッフ様さまサマたちが、
同じだと、言うのであれば、
それは違うと、我々精神病患者とは違うと、
徹底的に主張すべきだと想う

第十二章　そさん列伝みさん列伝

「良心的依存サセ屋」と「役に立ちたい活動家やりがい七色地獄」

前進友の会という患者会のみんなの部屋の中において、そさんとは、ナニ者だったのか、みさんとは、ナニ者だったのか、クルシイけれども、ソコが赤裸々に語られなければならぬ、リクツではないのだから、患者会の歴史として、語られなければナラぬ。

しかし、未だ、ソコは、友の会のみんなの、同意が、得られなければ、語ることが、ムズカシい物語なのだ、ツラい物語なのだ、それでも、ここまでは、語っておこう。

同意は、書記部とホームページ企画部には、とっておかなければ、、それにしても、語り難い物語なのでアル。

そさんは、そして、みさんも、第一世代の、学生部隊出身者である

そさんは、その中でも、指導者的立場にあって、というより、十全会東山サナトリウム告発料弾運動の先頭に立っていた

そして、そう、前進友の会を、つくった、その中心人物ダッタのだ。そして、当然、その後長く、前進友の会は、彼の統制下にアッタと、そう言って過言ではないと、思う。また、患者たちの、バリバリの代弁者ダッタのだ。

ボクだって、そさんに誘われたので、友の会に入ったのだから。ボクは、そさんに言われて、入ったのだった。そして、そさんに言われるまま書記部を担うことになった。そさんに、言われるままに友の会活動に参加していたのである

彼に言われたのは、やすらぎの里と前進友の会を半々にすることだった。そのころは、やすらぎの里が99で前進友の会は1や、とか、ココは、くるしみの里や、というような、声も出始めていたときだった。

だから、ボクは、まったくの、そさんの意識的な友の会復活のためのタマとして、投入されたわけなの

だった。で、まずは、会報を出してくれと、言われた。

　そうして、本当に、そさんが、そう言えば、事は、そのように進んでいくのだった。そさんの意向とチガウことなど、できない、そういう雰囲気ダッタ。

　ボクも、最初のうち、そんなことに、あんまり、疑問も、抱かなかった。

　でも、いつか、友の会のミーティングにもやすらぎの里の運営委員会にも、ソンなハナシなど、無かった時に、いきなり職員になってくれないかと、言われた時、こりゃなんだかオカシイな、と、思い始めたのだった。それで、ハッキリと断った。おそらく、一杯入っていた時だと思う、今から思えば、、、
　そんな、だったからボクが入った当初から、そさんがいなければ、友の会としてのミーティングが始まらなかった。

　だから、今思えば、よくやれていたなと、思うけれど、食事会は、水曜の夜の6時か7時頃だった。その後、ミーティングをやっていた。ミーティングは夜の9時頃まで続いた。

　名目は、働いているなかまたちも、参加する、カラだったのだが、ボクだって、働いていたもんだけれど、でも、その働いているなかまとは、つまり、い病院で看護助手をしている、そさんのことダッタと、思う。もちろん、他にもいたのだけれど、まずは、そさん、だった。そうそう、た診療所で働いているなかまも、いたわけだから、医療従事者たちの仕事が終わってから、会議というワケだった。

　とにかく、彼がいなければ、大事なことは、ナンにも決まらなかった。そりゃそうだ、やすらぎの里作業所の所長でもアッタわけだから。

　今から思えば、そさんがつくり、そさんが指導する患者会と作業所と言って過言ではなかった、と思う、そう、ソレが実情ダッタ。

　そう、だから、これほどまでの「見えにくいアクジのハンニン」とは、一番身近に居たわけなのだ。

　とにもかくにも、そさんと友の会のみんなとの関係は、ボクも含めて、それはそれはトンデモナイものだったと、今なら、思える。

　そしてそれは、その時には、結果としては、そさんがもっともシビアーなアルコール依存症になってしまい、想像を超える無茶苦茶になった。

　はっきり言って、あのママでは、何人かが死ぬことになり、二家族ほど崩壊してしまい、前進友の会やすらぎの里も空中分解するところだった。その寸前

で、ぎりぎりで、そさんが、退職して行って、アルコール依存の治療に専念することで友の会は生き延びたのだった。

その後、そさんは、滋賀の方で、ゆという就労継続支援B型と、ケアハウスを何か所かと訪問看護の事業所の複合的な精神科福祉施設を作り上げ運営している。

やはり、彼がめざしていたものは、ソウなのかと、そう思う。患者会の方向ではなかったことだけは、確か、なのである。講演なども行っているようだ。そしてまた、酒を飲み始めていると聞いている。

滋賀のゆ事業所さんと交流したいと熱望している。でも、また酒を飲み始めているそさんが居る、のなら、あきらめなきゃならないんだろうなぁぁぁーーーー

あの時、のことが思い出されてしまう。踏み込んでいくのは怖かった。玄関の外扉は外れていた。その重いドアを横にのけて踏み込んでいったのである。

廊下から、もう、血だらけになっていた。これは、ほちゃん死んでるカモシレンなと思った。子供たちは、避難しているはずだった。とにかく、家の中が血だらけだった。その中に、踏み込んでいくのは怖かった。

もう二度とアンな思いをするのは嫌なんだ

そさんのようには、なってはいけない、酒を飲んで居る時でも、飲んでいない時のそさんでも、とにかく、そさんのようにはなってはいけないと、そう思い続けてきた。

みさんのようになっても、いけないと、そう思い続けてきた。

友の会で、そさんや、みさんのようになってはいけないのだ、、、特にえばっちミタいなのは、、、そう思い続けてきた。それでヨカッタと思う。

そうだからヨカッタと思う

さて、そさんがいなくなった後の前進友の会やすらぎの里は、みさんを中心とする体制で運営されることとなった。というか、最終的にそさんに、ダメをだしたのは、みさんだった。それはそれで、誰かがチャンとやらないといけないことだった。

みさんは、やすらぎの里的には、スタッフで、前進友の会的には、ボクとともに書記部であった。

ただ、そういうことだけではなく、みんなの部屋のすべてが、みさんを中心に動くようになった。そして、誰もが、みさんを頼りにするようになった。それは、

そさんがいるときからも、ソウだったのだが、そさんがいなくなってから急速にソレは深化していった。

どういうことかというと、みんなの部屋のなかまたちの自立心と生活力が、どんどん低下していくのである。

みさんが、スタッフとしても、友の会の第一世代活動家としても、頑張れば頑張るほど、ソウなっていくのであった。もさんも、れさんも、とにかく多くのなかまたちが、なーんかどんどん、みさんに精神的にもセーカツ的にもどんどん頼っていくのである。みさんの濃厚な愛に包まれながら。

この経過で違和感を感じていたのは、ボクだけのようであった。なんだか、とても立派なスタッフが、自分の生活も、自分の家族も犠牲にして、患者さんのために尽くす、というような愛に満ち溢れたセカイができ上がっていった。

みさんも、なかまたちにむかって、家族を犠牲にしていると、公言するようになっていった。特に、子供たちを犠牲にしていると、特に、生まれたばかりの娘を友の会のために、殺そうと思ったのだ、というようなことを、声だかに言うのだった。

みんなの部屋でも、そして、そして、ついには、集会でも、言ってシマッタ。聞くたびに、ナンというか、ナンというか、信じられない、というか、ソウゾウを絶するというか、ソンな想いを噛みしめていた。

聞かされる、こちらの身にも、なってみると、どう思うか、ナンて、、、こうなると、ナンダか、とてつもない、セカイなのだった。オソロシいシロモノだった。

でも逆に、とくに外から見てたら、とても、素晴らしいスタッフというふうに、見えただろうと思う。

ところが内実はとてもタイヘンで、ヘンテコなタイヘンというか、タイヘンなヘンテコというべきか、、、とにかく、なかまたちはどんどん依存的になり、みさんは、どんどん依存させるように立ち回り、そして、みんなから依存される、みさんにとっても、キブンは良く、ヤリガイも在る、という、トコロなのだろうが、、、
そんなことが長く続くわけもなく、みさんは欝にはまっていくのだが、そこでやめられるわけもなく、どんどん抗うつ剤をいれて、さらにガンバルということになっていった。

もちろん、そんなこともまた、長く続くわけがなく、依存することを覚えてしまったなかまたちは、さらに、

みさんに覆いかぶさっていき、限界が来たみさんが、ときどき、誰も手伝ってくれない、と、泣きわめく、という事態が頻発するようになったのである。

みんな、みさんを、宥めるのに、必死だった。ダカら、手伝おうとした、そう、手伝おうとしたのだ。手伝おうとシタンですよ。

でも、手伝う？ 手伝うって、それは無理だったのである。なぜなら、みさんに、ハナシを聞いてもらい、みさんにナニかをしてもらいたい、ということだったのだから、だから、他の人がやってもダメだったのである。みさんでなければダメだったのである。

それで、事務シゴトなどを手伝おうとしたら、それもダメだったのである。積極的に事務シゴトを手伝おうとするボクも含めて何人かのなかまに、こう言うのである。

「私の仕事を取らんとって」「私がいらないの」こう言われてしまえば、もはや推移を見守る以外なくなってしまう。

もし本当に、手伝いできそうな人が出てくると、ツブしていったのである。やる気も、段々無くなってくる、それどころか、その方向で泣きわめきそうになる、みさんを、なだめすかすのがタイヘンなのであった。

そして、そう、トランスジェンダーを名乗るびさんがアルバイトスタッフとして、新しく入ってきて、みさんと意気投合したとき、新たなる極彩色の愛に満ち溢れた七色の地獄の釜が開いたのである。

もうこれ以上、コレから先は語ることができないと思う。友の会のみんなにとっても、えばっちにとっても、ここいらへんがゲンカイである。

しかし、それでも、ココマデは語らねばならぬ。アレから、十年以上はたったのだ。その間、友の会側は、沈黙を守りとうしてきた。あの時の、その被害からも、なかなか、立ち直れぬまま、アノことを書こうと、思う。今から思えば、チゴクの釜が開いたという、形容がピッタリな状況になっていく。

その時、びさんが、まさか、みさん、という、第一世代を代表する女性スタッフと一緒になって、アレホどの事態を招こうとは、思いもよらなかった。

大概、今までの場合、びさんタイプと、みさんは、対立するのが、フツーだったからである。実のところ、友の会に女性が少ないのは、みさんと合わない女性は定着しようがなかったからなのである。例えば、そう、よさそうな、若い、溌剌とした女性アルバイトスタッフ候補が来るたびに、男性陣は、ドキドキハラハラしたものである。何時みさんが、ケンカを吹っかけるか、イヂメを始めるかと。ところが、この時はチガッタ。あれは、一体、ナンなんだぁぁー、というような、びさんとみさんのさわりっこの中、事態は、ドンドン深刻になっていくのであった。

びさんが言うには、自分は、トランスジェンダーというもので、男でも女でもなく、如何なる性的な法律や規範や道徳には、縛られないんダという。びさんは、男とも、女ともセックスするし、何人もの人とセックスするし、同時に複数の恋人がいるというコトがあり、そのヒトにとつては、当たり前なんだそうである。今思えば、びさんはそもそもトランスジェンダーとバイセクシャルの説明を混同していたと思う。しかも、この混同はみんなの部屋の混乱を助長してしまったと思う。しかも、見た感じは、はっきり言って、とってても魅力的な女性ソノモノに見えていたことは、確かであった。最初にびさんが、提起した問題は、男便所と女便所を区別していることが性差別に当たる、とかいうことで、便所を男女共用にすべきだ、というトコロから始まった。そして、それは結構な議論になった。その議論の中で、うちゃんが、そもそも前進友の会の初期の頃男便所と女便所の区別がなくて女性の病者が凄く困惑して困っていたことを、タイヘンな激論やイロイロあって、やっとこさ男便所、女便所と分けた事を思いだしていたのだろうが、ホンとにぽつんと言って「だったら元に戻るんか?」と頭を抱えていた。一人の女性のなかまは「私は男の人は怖いんです」とうつむき加減で「私トイレに行けへん」とぽつんと言った。そういったなかまの声を聴いていて、えばっちも堪忍してほしいと泣きたい気分だった。だが、しかし、元気な若いやる気のある魅力的な女性スタッフの威力たるや絶大なものであった。ついには、おとこもおんなも、びさん中心のピンクサロンのようになっていった。それは、想像を絶する状況で何人かの古いナカマたちから、こんなところに来るのはもうイヤだ、から、びさんはワシと結婚してくれると約束してくれた、から、家族も友の会もみんな捨てて、びさんと駆け落ちするんだ、とか、これは、みさんがみんなの前で放言していた。

まさに想像を絶する事態となり、ナンというか、本当に、タイヘンなコトになっていったのですよ。

複数の人死にの可能性が出てきた。ひとつの家族が崩壊していきそうであった。

誰かが、思いきって、やらなければならない時が、迫ってきていた。

そして、それは、徹底して、、、そうそれは、友の会唯一のアルバイトスタッフの強制退職、というモノになった。この時の傷はいまだに癒えていない。

現在の友の会のみんなの部屋は、未だに、この傷から、いかに脱却していくかという過程の中にある、と言っても過言ではない。この時の傷は十年以上経った今でも癒えていない。オソロシイことである。

今でも、言われるのである。えばっちは、言われ続けている

二十年間、同じ場所に座り続けて、余り話すことなく、余り目立つことなく、みんなの部屋を、見続け居続けてきた、お台所方としてジーーッとヤッテきたなかま、から、こう言われるのである

あの時、えばっちは、もっと早くになんとかすべきだった、えばっちが、やるべきことをやらなくて、肝心なことをやらないできたからなんや、と。そして、あの時も含めて、わたしは二十年間、みさんに、イヂメられ続けてきたようなトコがあるノンやで、と。まさに、、、あのヒトがね、なにか気に入らない、となったときはタイヘンやったんやでと、えばっちやら、ださんやら、うちゃんがいないときこそ、すごかったんやでと。びさんとのいちゃいちゃも、あんたたちがイナイときこそ、ドンナやったか、えばっちやうちゃんは本当のところを知らんのやで、と、言われたのである。

結局、悩みながらクルしみながら退職していくことに為ってシマッタ。止めることはできなかった、速めていくことしか、退職を。我が身の不明を恥じるしか、ない、と、思った。

さて、だから、良心的医療従事者や、良心的精神福祉従業員たちがあまりにがんばり、あまりに評判が良いと、そして、あまりに、病者や患者さんのためとやりすぎるのは、良いことは、決して決して、生み出さないと思う。

「良心的依存サセ屋」と「役に立ちたい活動家やりがい七色地獄」としか表現でき得ない事態が現出することもママあるのである。

特に、恣意的で自慰的で示威的に患者の立場で代弁をはじめたとき、特に医者は、侍医的に患者の立場で代弁をはじめたとき、

そこにあるのは、病者患者の尊重ではなく、かえって病者患者自身の
「自主自立」「自主集合」「自己自称」「自由独立」

「団結通信」「交友仁義」「自暴自棄」「自生自傷」

「自行自白」「自縛自放」「自存自営」「自己決定」

「自己滅裂」「自主独立」「自問自答」「自炊会食」

「自由自レク」「自陣自闘」「自尊自衛」「仁義通信」

「狂気炸裂」

「居直り居座り」「我意自意貫徹」「怨念執念爆発」

しようとする、キチガイの牙を抜き飼いならす第一歩になるのだと思う。

それが、

「見えにくいアクジ」

「良心的医療従事者」

「良心的福祉従業員」

「すり替えアクジのハンニンたち」

が陥るドツボなのだと思う。

その特徴的な姿は、『評判の良いデイケア』に行ってみれば、一目瞭然、一目利用善である。

自分たちは良いことをやっているツモリなんだろうが、なんのことはない、善意こそが地獄への道を舗装しているのである。

この場合、特に善意こそが愛に満ち溢れた七色の地獄への道を舗装しているのである。確かに、この舗装された道は歩きやすい。しかも、極彩色に綺麗なものなのである。
で、歩きやすいがゆえに、結局は天国のような地獄にまっさかさまナノである。
だからこそ、ソコを気づいてシマッタ、われわれは、歩きにくい茨の道を選んだのである。
それが、キーサン患者会であり、
キチガイが街に居座り街で居直る、
キチガイが病院に居座り病院で居直る、
ということなのである。

第十三章　みんなの部屋ドウしようもないキーサン与太話恨み節列伝

『発達障害断薬断行減薬原理主義療法』に対して恨み節ながらおれたちはキーサンの仁義を守って、ワァワァ泣きながらゲラゲラ笑って、美味しいものをたらふく食って立ち上がり、街の中に居座り病院の中に居座る

27日のクリスマス餅つき大会は
とても、素晴らしいものになりました。
20人くらいで、10キロ近くのもち米が
お餅と赤飯となって、ケーキや
お土産にいただいたクッキーや、お漬物や、
丹波黒豆や、
オードブルなどと共に
おいしかったです。面白かったです。
お餅が、たらふく食べられると、うれしいですよね。
入院中のなかまも、交流のお客様もみえられましたので、
素晴らしかったです。

大晦日は、年越しおうどん大会です。
ありがたいなぁぁぁぁーー
シャバにいられて、ありがたいなぁー

キーサンはね、必死だよ、必死で生きてる。
しかも、本当に必死ナンダヨ、
なかまたちがドンドン死んでいってる。
ゲンジツのセーカツだよ。

高校卒業したかった、と言うので、高校二回も行って卒業できなかったなかまが、言ってます。いつから社会復帰路線になったんや、家族会路線になった

んや、ってね。ワシらとは見てるものがチカウんじゃないの、と、言ってますよ。

たまのレクで、豪華ホテルランチヴッフェのおいしいもの食べたって、温泉日帰りしたって、それダッテも、ニクマンで参加者の調節がイルンだよ。シンドかったからハヨうに帰りました、でもほんとは、見知らぬ人が多かったので帰りました、あの人が参加するならワテは参加できまへん、帰ります。ニクマンバクハツだよ。食事会のメニュー決めるのだってタイヘンなんだから。シェフ役だってそれは、とても手間かかりそうなのでダメ、それと、肉がダメ、透析中で、気をつけなきゃダメ、すっぱいものがダメ、辛いものがダメ、あの人が来るなら、ワシは、食事会ダメ、それが、キーサン患者会というものだよ。

い病院に行くたびに思うよ、どうやって退院したらいいかな、って。退院なんかしたくない、って、言ってるよ、みんな。このママでいいってさ。クスリも、減らさないでくれとさ。クスリのハナシなんて、したくないとさ。そう言ってるよ。暴力看護士だとテッキリ思ってたら医者だった、セイシンビヨウインに必ず暴力担当の看護士がいるじゃないの、そんな雰囲気もったそんな程度のアンポンタンが、肩を揺らしながら歩いてるよ、院内を。そいつが医局長になって、ビッチリした上下セパレーツの白衣を着て患者を威圧して歩いてるよ、

主治医の担当替えも頻繁すぎて、誰が誰の主治医だかわかりゃしない。クスリも多いよ、アッタリマエだ、フラフラしてるんだから。主治医誰ですかね、って聞いたって、誰だっけ、わかんない、って言うよ。夏レクで、あんなに元気な人が、あっという間に50代で歩行器を使うありさま。そこに、どうやって減薬方針を持ち込むんだい。本当に必要なところに減薬が、持ち込めないよ、なぜだか、分かるかい。力点を発達障害に入れて、精神病院に入れないからだよ。健病者の患者ばっかり診てるからだよ。基準となるお手本が、高齢の精神病院長期入院患者用にできてないんだよ。バカじゃないのか。それで踊ってヤガル。『発達障害断薬断行原理主義療法家良心的改革派活動家似非ライター』の本なんか、本当に糞のようなシロモノなんだよ。えばっちから見れば、ね。アマッタルいよ。

減薬の三年間、それは、本当にタイヘンだったと思う。最初の三年間パニックだったろう、でも、ね、親も生きとって金も学歴も高い両親いてて、父親結構良い給料取りでさ、専業主婦の母親中心に24時間介護して、ゲンヤク成功してます、どうだ、復職復学にも成功しているぞって言われても、どうだ凄いだろうと言われても、こちとら、三十年以上被害にあってて、年数もクスリの量も、入院回数も、桁が一桁チガウ上に、親も金もなくて、減薬に失敗してアパート追い出されて再入院になんかしたら、おそらくソノマンま退院できそうもナインだぞ。『ビョウインの子にナッテシマウ』んだぞ。『発達障害概念断薬断行原理主義療法家良心的改革派活動家医師』たちの踊りは、そういう踊りだよ。見えているモノがチガウんじゃないですかね、って言ってるなかまが、おそらく正しいね。飢えるのも、看護士にヤキいれられるのも、アパート追い出されるのも、もう、ごめんしてほしいと、さ。

本当に退院なんてできやしないよ。薬も多すぎるし、バスの乗り継ぎも複雑になった。地下鉄のきっぷの買い方がわからない、って言ってるよ。タッチパネルは感覚の鈍った指先にはむずかしいんだよ。なんであんなに、切符やバスの路線が複雑なんだ。

「母よ殺すな」ってね、単なるたとえじゃないんダヨ。本当に言われたんダヨ。分かっているのか、「おまえを殺してわたしも死のうと何度思ったことか」と言われたんダヨ、ほんとダヨ。それで、こういうハナシしてたらね、もう一人声が挙がったヨ、「アッそれ、おれも言われた」って。それでついでに「あんたはクスリに依存しているだけて、本当は大したモンにナレルヒトなんだから…」って言われたって、言うんダヨ。これが患者会と家族会の関係の原点だよ。リクツで言っているんじゃないよ。『発達障害概念減薬原理主義断薬断行療法』くじらママさん会、絶対に子どものキバ抜きするよ。だって、本人の了解なく、徹底的なゲンヤク勧める、というのが、基本路線なんだからね。差別的でもあるよ。ウチの子は断薬に成功した発達障害者です。精神病じゃアリマセンと、大見得をきるママさんたちの家族会が、全国に蔓延していくのを止めなきゃなんないね。ヤレヤレ、旧型全家連とも新型全家連とも、闘うだけの事さね。

おれたちの名物レクに夏レクというのがある。まだ、その夏レクが二泊三日の海水浴をやってたころのハナシだよ。重たい病者は連れてくるな、っていうなかまからの意見が飛び出してよ、タイヘンだよ。これホントタイヘンだよ。だって、２泊３日の海水浴だから、２日目の夜から３日目の朝にかけて、ホントにしんどくなるなかまが出てきて、それはそれは結構キビシイんだよ。もう帰りたい、から始まって、同部屋の人が幻聴と会話しているからイヤだ、とか、ここには書けないけどいろいろ出てくるのさ。だから、重たい患者は連れてくるなっていう声も、やはり大事なんだよ。さて、こういったモンダイ、どうするね。おれたちはそういうレクをやり続けてきたんだよ。

特に行方不明が、一番コタエルね、ってみんな言ってたよ。あるとき、帰りのバスの中で、一人足りないんだよ。大騒ぎさ。バスはそのまま京都に向かって、い病院から派遣されたバネットが、海水浴場に逆戻りさ。そこに、居はったよ。ほっとしたよ。あとでさ、同部屋の人がぽつりと言うんだよ。あんまり、良く寝てるし、眼を覚まさないんで、そこに置いてきちゃった、って。置いてかれちゃった人も、いつのまにか、誰もいなくなったんで、ずっとソコにおった、って。それ以来、えばっちの夏レクでの役割分担が、名前呼んでの点呼と最終人数確認だよ。それでもさ、この夏レクが、ずぅぅぅぅぅうーーーーっとい病院に入院しているなかまたちの、一番コトバに出る、素晴らしい思い出バナシなんだよ。

ゴミの出し方が複雑すぎて、分かんないって、言ってるよ。分別自体はイイことなんだろうが、エコロジーはキーサンのセーカツには合わないね。ごみの出し方が複雑すぎて、アパート暮らしできゃしない、分からない、って、そう言ってるよ。コレはドッチのゴミ袋に入れたらいいのかな、って言ってるよ。グチャグチャで出したらなんか言われそうで怖い、って言うんで、ただでさえもゴミ多かった部屋がゴミ出さなくなってゴミ部屋となったよ。きっかけは分別収集だよ。まぁゴミくらいなんともないんだが、近所の眼もあるしね。どうしたらいいかねぇ。

ヘルパーさんにやってもらえばいいって、言うのかい。簡単にはいかないよ。

何人ものなかまが、ヘルパーなる他人さんが、ジブンの部屋に入ってくるのが、もうしんどくて、断っちゃうんだよ。入れたくないって言うんだよ。シンドイって言うんだよ。そこに物凄いハードルがあるわけさ。ジブンの住んでいるトコロに他人を入れるのが、もうゼッタイ嫌なんだ、シンドクなるんだって、言うんダヨ。しかも、ヘルパーの派遣事業所のほうも、うちは普通の主婦のみなさんがヘルパーさんなので普通のお年寄りならともかく、精神病の方はやれないと思いますって言うんで断られちゃうんだよ。でもね、みんな高齢化してきたし、友の会の支えあって生きるだけでは、もう無理がきてたんだよ。それで本人も派遣事業所のほうも説得してヘルパー入れていったんだよ。何年もかけてね。タイヘンだったよ。ヘルパーのほうも嫌がってさ、何人ものヘルパーが替わるんで、まるでわしらのところに来るヘルパーは、、、、、、なんて言ってたよ。向こうでも、そう思ってただろうよ。それでも、なんかあったときのために、「つなぎ」や「わたり」つけとくためだけに、嫌でも月1回は入れておこうっていうんで、月1回掃除だけのヘルパーを何人かが頼むことにしたんだケド、明日来るっていう前の日から、緊張するし、ヘルパーさん来てもらうの嫌だなぁって言ってるよ。ヘルパーさん来る日は緊張する、って言うんだよ。もっと増やしたらいいって、今は言われるんだけど、しんどいから嫌です、って言ってるよ。増やすどころか、月一でやってみて、シンドイからとうとう断っちゃった人もいるよ。どうしたらいいかなぁ。

もさん、退院してくることになったんだよ。本人もしたいみたいだったし、みんなも退院に挑戦しようという気運が盛り上がってね。なかまたちはみんな、もさんに、あと数年シャバで暮らしてもらおうって言ってたんだよ。タイヘンだったよ。病院のPSW、病棟の看護、訪問看護、ヘルパーの派遣事業所のケアマネ・サビ管・ヘルパー、福祉事務所のケースワーカー、一度みんなで集まって話ししなきゃならなかったのに、だれも責任もってやろうとしないんだよ。結局、おれたちが言い出して、みんなの部屋で、話し合いをもったんだよ。みんなも、希望者は参加ということだったので、とんでもない広範囲な福祉系医療系行政系スタッフとみんながいる前で打ち合わせ会だよ。みんなからも、意見出てね。この手の会議が何回もあってね、みんなが、この会議のことをナントカって言ってたんだけど、忘れちゃったよ。良いキーサン文化用語にナッタだろうに、忘れちゃったよ。シンドい会議が何度も、あの部屋で、あったんだよ。

結局、もさん、再入院になったよ。

そのときさ、男のヘルパーの腹を殴っちゃってさ、女のヘルパーの顔をはたいちゃってさ、確かに、もさんのペースに合わせてくれないんだよ。なんていうか、神経を逆なですることばっかりするんだよね。タマンナイよ。それ以来、そこの派遣事業所は、おれたちに近づいてこないね。ソンナモノナノカナア。クスリでヨレヨレの高齢の病者の、アンナもん、たいしたことなかったんだが……なんで、もさんのペースにあわせてくんないかね。どうしたらよかったんだろうね。

こさん、ごはん食べないんだよ、毒入ってるってさ。みんなで、かわるがわる、食料品差し入れていくんだけど、みんなゴミ箱行きだよ。お弁当もゴミ箱行きだよ。おれたち、弁当に毒いれたってさ、責められるんだよ。どうしたもんかなと言っているうちに、夏の暑い盛りにドンドン痩せてきちゃってさ、クスリも飲んでないみたいやし、どうしたものかっていうんでさ、ほんと、痩せてきてヤバイんだよ。おれの車にむりやり乗っけて、うクリニックの外来だよ。う医師あんたが来てくれたらこんな苦労しなくてすんだんだよ、車乗ってもらうまでが、ホントにタイヘンなんだから、往診って必要なんだけど、今は濃厚なキチガイに往診するより、ACひきこもり不登校系の発達障害系の若者たちに往診が必要なもんで、こっちにまでまわってこないようや。ACTだって、おそらくソウなんだろうぜ。アンマリ期待はしちゃいけないだろうなと、思っているよ、サイショっからね。

それで、外来行って少しはマシになるか、って、みんな期待したんだけど、ドンドン痩せていって本当に、もうヤバかった。それで嫌がるこさん、わしらなかまで、い病院に強制入院だよ。強制移送だよ。手を汚すときは、なかまがやるんだよ。医療や福祉やケーサツや警備会社になんか、まかせないよ。そのとき、入れようとするなかまのほうも必死なんだから。すごいやね。未だに語り草だよ。うちゃんが叫んだんだよ、「違う、違う、それはワシの足や」。みんなで必死に抱え込んでいた足が、こさんのじゃなくて、うちゃんの足だったんだよ。みんなケガしなくてよかったよ。

毎週月曜日にい病院訪問に行くと、こさんは返事もしてくれないよ。あたりまえだよな。それでも、ずっと行きつづけてたら、このところニコニコしてジュース受け取ってくれるようになったよ。そうなったんで、こさんの様子、看護士に聞くようになったんだよ。こさん、めがねかけてたはずなんですけど、めがねはどうしたんでしょうね。え、私がここの病棟に来て以来、こさんがめがねが必要だと初めて知りました、本当にめがね必要なんですかね、って言われて、行ったなかまたちが絶句だよ。見えにくいとも、本人は言わないんだろうなぁ。クスリゼロがすべてを解決なんか、できるもんか。

さ君がさ、耳の中にゴキブリがいるって、言いだしたんだよ、おれたちも最初信じなかったんだよ。もちろん、病院の医者も看護士も信じなかったんだよ。でも本人が、耳の中にゴキブリがいるってしつこく言うもんだからさ、じゃあおれたちも、ともかく本人納得させる意味でも、い病院に耳鼻科の診察をしてくれと、言おうということになったんだよ。おれたちもそうなったら、しつこく言うもんで、看護士がよ、耳鼻科に連れていくよりは自分たちで見てみよう、ということになったんだよ。そしたらさ、ホントにいたんだよ。やっぱり、本人の言うことはちゃんと聞くべきだよな。クスリばっかりに、診断ばっかりに、症状バッカリに眼剥いててもダメだよ。本人の言う事聞かなきゃ。

アパートも見つからないよ。そう簡単には。近くの不動産屋、我々とはハナシしないよ。どうしようもないってんで、頼み込んで、親に登場してもらったよ。ヤットコさアパート確保だよ。ナニが自立ナンダロウネ。おれたちだけじゃだめだったんだよ。うつ病の人には貸せませんて言われて、スゴスゴ帰ってきたんだよ。そこで、親の登場さな。

グループホームも病状をみて入所者決めるから、

友の会の何人かは断られる始末だ。現にアパート暮らししてるなかまがグループホーム入所を断られるたぁ、どういうことだ？　申し込んだときにアパートでナントか自立生活してるんだぞ。それでも、病状みて、断られたよ。本人はこう言ってるよ、アンナトコ入れントッテヤ。いくばくもなく、再入院だよ、ほんとに。最初は内科の病院だよ、ところが、そこから一番近い精神病院にいつの間にやら転院させられてたよ。しかも、閉鎖病棟の保護室の四肢拘束の五点張りというやつだよ。なんとか救出してきたら、キツうに看護士にヤキいれられた、怖かったわ、と言うてたよ。オレ最初に面会に行ったら、友人面会禁止です、と言われて、追い返されたよ。だもんで、次は、スタッフ役含めて行って、うちゃん所長です、やすらぎの里職員の証拠の健康保険証も持ってきました、ってんで、やっと、入れた。そこで見たのが懐かしやの五点張りだよ。五点張りなんて、キーサン用語、今や誰も知らないいんじゃないか。友の会に帰って、もさん五点張りされとったと言ったら、えっ、あそこが、と言って、みんな絶句だよ。だから、ソコ見限って、い病院になかまの入院集中させたんだよ。アンのじょう、府立ら病院というソコは心神喪失者医療観察法病棟新築を宣伝しつつ全面改築を虎視眈々と狙ってるよ。

生活保護が、こんだけ締め付けられてきたら、ケースワーカーの態度もワルくなってきた。いろんなことを言うもんだから、病者の側が混乱してしもて、夜眠れなくなる。そのしんどさに医者もPSWも付き合わない。だから、生活保護のケースワーカーが来るたびに、古い言葉を使わせてもらおう、ドンドン『被害妄想』出てきて、どんどん具合が悪くなる。クスリだけのモンダイじゃないんだよ。健病者のように自分で法律のことを調べたり、役所からの書類を読むこともできず、部屋の片隅に封筒のまんま積み上げてあって、わしらが気づいたときには、ナンモカンモぜーんぶ期限切れ。役所と郵便局と銀行とガス会社と電気会社と水道局まわって、頭下げて歩いて、やっと復活したと思ったら、本人がダウンして再入院や。そのまんま退院するのも怖がって、アパートに帰るのを怖がって、結局は病院暮らしよ。もうアパートには帰りたくないです、って言う。

どうやって退院するんだ？　薬も多い。だけど、クスリだけの問題か？

わしらは、こうやって長期入院になっていくのを『病院の子になってシまう』って言っているんだよ。これだって、キーサン、キーサン患者会文化用語だよ。「スッカリ病院の子になってしもうたなぁぁぁ、どうしたらイインヤロ」ってぇさ。

『発達障害減薬原理主義断薬断行療法活動家似非ライター父母会』たちがね、高学歴と高収入の家族に囲まれた健病者を発達障害ダトカ言って、クスリゼロにして、医師免許取っただの、看護婦免許取っただの、どっかに就職しただの、すっかり病気良くなったダノと、踊ってる場合やないぞ。たいがいにしてくれよ。

退院をめざす、ナンてとても、言えん。この間もい病院行ったら、病棟で外部講師呼んで、患者さんデェイルームに集めてよ、パワーポイントで、「外出したいですか」「外出できないのはなぜですか」「退院した患者さんがうらやましいですか」なんてやってヤガル。金もかかっているだろうよ。退院促進事業かナンカの金と、それで飯食っているNPOかなんかの外部講師だろうよ、詳しくは知らん、そこで意見が出たよ「目が釣りあがって怖くてバスにも乗れんのです」とさ。クスリが多いからだよ。だけど、そんな説明は一切なく白々しく進んで行ったよ。質問したおばあちゃん、アソコから出られないと、思う。ヒドイハナシだ。ソンナNPOばっかり増えちゃってさ、今度はどんなのが、できてくるかね。ハッタツ系NPOが花盛りになるだろうさね。そいで、白々しいコンナモンに群がってヤタラとヤカラなレンヂュウが、飯を喰うのさ。

と、思ってたらサ、なんと、医者なんだと。い病院の医者が月二回、ナントカ会と、称して、やっているんだと。アレ医者かぁぁ、まったく。ヤレヤレ、だなぁぁぁーー、なんだって、眼の吊り上る原因教えて、ナントカしないかね・・・クスリ多過ぎるんダヨ。

おれ、ソンな病棟のデェイルーム、横目で見ながら、病院一周して、見知った人にすべてに声かけて、ジュース配って歩いているんダヨ、オレはなんとか月一か、二で、行くようにしている、毎週月曜は、なんとか、みんなで、役割分担して行ってるよ。みんなよ、クスリのハナシはいいです、このママでいいです、って、言うよ。ただ、面会に行くたんびに、エラク喜んでくれるよ。ムカシの夏レクでのハナシが、一番いいみたいだよ。毎回毎回、同じやり取りの繰り返しだよ。「夏レク愉しかったねー」もう一度行きたいですか、「行きたいけど、もういいです、あんたはゲンキでいいなぁぁー、ジュースおおきに」と、言われて、帰ってくるんだよ。帰りの車の運転が、怖いよ。疲れてるからね。危ないね。山科とい病院の間は、遠いよ。

金曜は、い病院から希望者募って友の会の食事会に参加してもらってるけれど、希望者は増えるどころか減ってきているよ。しかもこの取り組みが、また、ニクマンを呼ぶんだよ。そのうちそんなこともできなくなるだろうよ。この取り組み、い病院が、本気で喜んでいると、思うかい。ビミョーだよそれは。車だって、やすらぎの里だって、自立支援法と生活保護法改悪とで、そのうち経済的にダウンさな。あーーガソリンが高いなぁぁぁーーー

山科からい病院まで、車を運転していくのが一苦労さな。たぶん、精神医の盛り続けたクスリのせいだろうよ。そういや、道路交通法の改悪で、薬飲んでの運転厳罰化したとよ。車を運転できるなかまが、もう一人いてくれたらなぁーーと思うよ。金だよ金、精神医のみなさんよ、本当のところ、お金のシンパイしたことない、オボッチャンだろう。チガウかい。車を運転できるスタッフがもう一人いたらなぁぁぁーー、カネがないやな。

それどころか、ウカウカ、ウンコもできん。浄化槽が限界なんだよ。どのくらいカネがかかるかなぁぁぁーー、みんなの部屋、日ノ岡荘、築何十年になるのか。去年は台所のパイプが詰まって下の部屋に漏れちゃってさ。今年は、浄化槽。本下水につながなきゃなんないけど、カネがない。ウンコどこでするべきか。重大問題だよ。で、このモンダイ明らかになって、ひとりのなかまが、紙をたくさん使ったワイのセイカモシレンと思い込んじゃって、タイヘンだったよ。結局浄化槽の汲み取りと清掃で、ナントカ間に合わさなイカンかもしれんなァァァー、というのが、みんなの意見だよ。来年あたりは、屋根のシンパイせにゃなるまいよ。おっとその前に、ドアを直さなきゃいけないと、言ってるよ。そんなこと言いながら、明日の食事会のメニューは、お好

み焼きに決定だ。スンナリ決まったので、ほっとするなぁ。

ここで、出合って、ここで、みんなで、ね、結婚式をみんなの部屋でやったカップルだっていたんだよ。そして、二人して新しい世界に旅立って行ったんだよ。こっちは長く連絡もなかったし、てっきりうまくいってると思ってたよ。ある時、電話がかかってきてさ、離婚しちゃって、今閉鎖病棟の保護室の中なんや、と言うんだよ。びっくり仰天して、神奈川のその病院までなんべん行ったことか。そこは行ってみてわかったけど、殺しもあったひどい病院なんだよ。ここなんとか出て京都に帰ってこないかと言っても、しんどいって言うんだよ。とても新幹線に乗れないって言うんだよ。おれたち3年かけて神奈川まで、なんべんも行ったよ。小田原攻めって、みんなの部屋では、言ってたよ。そのとき、本人の気持ちと、他に、なにがモンダイだったと思うよ？　カネだよ、カネ。3年間に何回行ったのかな。3人で何回行ったかな。交通費がかかったよ。

今は京都で一人暮らししてるよ。でも、みんなの部屋には、ほとんど来ない。外出するのがしんどいんだろうな。神奈川の病院から京都い病院へ転院して、やっとこさアパート退院して、もうほとほと疲れたんだろうなと思う。薬も多かったんだよ。なんってっても、ちょっと歩いただけで、心臓を押さえてうずくまっちゃうんだから、、、その神奈川の病院の主治医や看護士、どうやって説得したと思う？　簡単だよ、カールーく脅しをかけたってことさ。言葉でいくら言っても無理。この退院認めんかったら、どうなるか、、、みたいな、こちらの決意を、キーサン革命的に、決意チラツかすんだよ。本人は、よ、最初、もうここでいいですって言ってたよ。あの時点で天涯孤独だったし、、、

あーーそうそう、そんな脅しも、カールーい脅しも、心神喪失者医療観察法で、思いきった抗議行動も、できなくなるだろうよ。学会講演者叩きダッテ、あの程度のもんだよ。誰ぞの講演会にカチコムなんてことも、できゃしない。ムリに決まってるやんえばっち、って、みんな言ってるよ。精神医たちよ、ほっと、しているだろう。良心派改革派の皆さんがね、観察法にコウいうふうに感謝する時が、来ようとはね。

退院しようだァァァー、いまや、逆コースをどこまで押しとどめられるかがモンダイだよ。歳いって、いよいよとなったら、世間様は、ごくごくフツー程度の老人施設に入れてくれないよ、断られるんダカラ、キチガイの年寄りはごめんだとさ、シミンをながくやってこられたお年寄りの順番待ちも長いっていうのに、キチガイはキチガイビヨウインで、みてくれとさ。十全会病院は、どこも、大入り満杯さな。それで、次はその名も、新生十全会と銘打って、また大規模病院おっ立てたよ。

京都市内の老人の病院でスバラシい取り組してる有名なビヨウインが二か所もあるんだが、二か所とも、いさせてくれないよ。もさんも、れさんも、つさんも、ドコへも行くところはなかったんだよ。転院転院でタイヘンだったよ。十全会病院だけは嫌だっていう、オレたちの想い無視して、そこに転院を決めようとしやがった。だけど、別のトコロもナインだよ。それで、い病院に逆戻りさ、これでいいんよ、えばっち、ここでいいんよ、なんて言ってたよ。寝たきりになっても、気に喰わなきゃ、渾身の一撃で、配膳してきたごはんひっくり返してよ、看護婦看護士を慌てふためかしていたぜ、サイゴまでな。タイシタもんだ。去年の夏亡くなったよ。今はい病院の共同墓の中さ。

医療観察法は、よそのハナシじゃないで。友の会で、ひとりやられたよ。タイヘンだった。まさんミスターと呼ばれている、彼も退院なんかできやしないよ。おそらくね。家族が認めないよ。おれたちにとって、家族は、敵だって言ってきたろ。本当に家族認めなけりゃ退院なんてできないよ。去年は、よく保護室に逆戻りシテたよ。

そうそうそれで、審判に向けて、法テラスとかいうところが派遣してきた弁護士、本当にタイヘン、ハナシが、通じやしない。それでも、補佐人研修受けてきた、この手の審判をできる弁護士だという、ふれこみダッタンだから・・・まいったよ。だけど、本人は、さ、ベッピンさんの弁護士さんで良かった、警察の人も良くハナシを聞いてくれた、やさしかった、なんて言ってるよ。そうやそうや、わしがヤッたんや、と、言ってるよ。失火じゃないかと、思うんだが、、失火で二件焼いちゃったよ。みんなの部屋も、焼けなきゃいいんだが・・・でもおれたちはフツーに一緒にいるぜ、ソリャチョと、というかケッコウ、文句も出るけど、なんやかんや言うても、ミスターは、人気者じゃないのか、な、ある種。

保護室に入れられても、ナントカ面会させてくれという交渉も難儀だよ。ひらたく言やぁ、まぁ、看護士をチョッピリ脅すんだが・・・医者や弁護士は、入り安いんだろうけれど、ね。関係性を聞かれて、家族でも医者でもなく、トモダチだ、と言ったトコロが最初の関門さな。超難関大学に入るよりもムズカシイ関門だよ。医師免許やら弁護士資格やら持っているヤツラが、うらやましいよ。閉鎖病棟でも保護室でも、スィスィ入れちゃうもんな。ハッタツ系のアンポンタンが東大入ったのが自慢だ、ナンて言ってヤガル。おれたちの自慢は、病者だけで、入れそうもない保護室に面会に入る、ことだよ。これが、患者会というものだよ。

『発達障害概念減薬原理主義断薬断行療法医師』たちは、忘れかかってる、じゃないのか、なぁーー精神病院のコト、そうでなきゃ「資格が取れました」ダノ「症状がスッカリ治りました」ダノ「クスリ止めて卒業だ」ナンゾと気安く書けるわけはない。おれたち患者会のセーカツとは別世界の、異次元世界のハナシだよな。みんなこう言ってるんだよ。「治るわきゃないし、今さら、なに言うんや、このマンマ病院におってクスリも飲むよ」とね、「薬飲んで治りたい」「クスリ断薬して治りたい」、なんて、両方ともソウ言ってるなかまはいないよ。「もうほっといてくれ、治りもせんし、これ以上しんどいのはいやだ、だからクスリ飲む」、って言ってるんだよ。ほんとだよ。

みんなの部屋のみんなね、ホント、今さら、もういいって言ってるんだよ。発達障害って、なんのことやねん、ようわからんな、って言ってるんだよ。おれたちキチガイには関係ないハナシだよ、って言ってるんだよ。知的障害の人たちは、このことでどうなりそうなんや？　って心配してるんだよ。知的障害の人たちが、忘れられるんじゃないかと、シンパイしてるよ。ワシは発達と言えば、例の養護学校義務化の時の発達保障論のことしか思い浮かばンが、それとは違うんか？　と言ってるよ。誰かが言ってた、発達心理といえば、教育心理学のあのハッタツなんやろ、アレがなんで精神科に関係あるんや、って言ってた。ムカシ心理学専攻してた、どちらかと言えば学歴アル方のなかまが、そう言ってたよ。そしたら、ざちゃんが、えっ、いまの精神医らが言っているのとは、チガウ発達ってアルンですかと、言い始めたから、よけいハナシが混乱しちゃってよ。どちらにしろ、おれたちには関係ないハナシだと言ってるよ。クスリゼロになんか、なるわけないやん、えばっち、って、そう言うんだよ。今さらもういいよ、って、みんな言ってるよ。今更、今サラ、ナニをいまさら、何言うんや、ワシらのセーカツこわさんとってくれ、って、言ってるよ、、患者会だ患者会だと言ってきたんなら、その患者会を大事にしてくれよ、と、みんなで言っているよ。あほらしうて、屁もでんな。「キチガイが生命の底で居直る」ということをもう一度、その患者会から、学び直しなさいよ。

こっちは、ね、生活保護減らされたって、もういいや、って言ってるんだよ。不服審査してるのは、エバッチだけだよ。みんな、へたして、ケースワーカーから睨まれたらコマルから、もういいよ、と言ってるよ。ただでさえも、ケースワーカーがヘンなこと言って分からんようになるから、もういいよ、って言ってるよ。わからない変な書類が来るのもかなわんと言ってるよ。なかま内でハナシしてて、他の人には来てるのに自分のところには来ていない書類がある、っていうのは、なんででしょうね？　それだけでみんなの部屋の重大問題だよ。ニクマンになりそうだよ。クスリだって、退院だって、生保の減額だって、今さらもういいよ、って言ってるよ。えばっちが闘うって言うんなら、アリガタイし、もうそれでいいんよ、だから、エバッチ倒れんようにガンバッテや、できる応援はするワイと言ってくれてるよ、ありがたいよ。だもんで、三障害共闘のその会議、二週間に一度のペースだけど、とても、エバッチいけないんで、会議には、行けるなかまが行ってくれてるよ。この間、そのデモで、久しぶりに友の会ヤツタよ。五人で参加できたよ。

おれたちの中に、アル中だっているよ。そのなかまが、こういってるよ。アル中の、根底に、ハッタツがある。なんて言ってるやつは、アル中の本当のコトを知らないってさ。発達障害だからって酒飲んでいいのか？　中には、発達障害っていうのを酒飲む言い訳にするヤツが必ず出てくるから、スリップ増えるんじゃないかな、ってシンパイしてるよ。

とアル雑誌の編集者がよ、ひねくれながら、何時ものようにエバタさんの反吐は、もういいです、って言う、みんなの声を出してくださいってさ、おれだって、そうしたいよ。でも、本人の了解もなく、書けるものかね、さ。了解とるにも本人の半分くらいは、さ、もう、い病院の共同墓の中にいるんだから、しかも、こういうことがニクマンのキッカケにナルンダよ、恐ろしいけど、今回は、オレ書いたよ。ニクマンのきっかけにならなきゃいいンダが・・・だから、少し、弱めに書いたよ。『発達障害減薬原理主義断薬断行療法医』の間違いを指摘するために、なかまのニクマンかけて、書いたンダヨ、良く読みなさいよ。

こんなこと、本人の了解もなく、書いちゃったよ。だけど、ドコかの自称フリーライターたらとは違うよ。おれここのみんなの部屋に25年一緒にいて、一緒に泣き笑いしてきたよ。

だから、ここぐらいまではみんな許してくれると思うよ。一応、ホームページ企画部と書記部了解の原稿だよ。

そうそう、えばっちが目が三角になってきて、あそこにカチコもう、あいつをぶち殺そうって言ってると、みんなが止めてくれるよ。前進友の会のみんなに感謝するんだな。スタッフ役がさ、ボクの生活手段がなくなって困りますよ、次に勤められるトコロなんて、無いんだから、職奪わないでくださいよ、って言ってるよ。ここのみんなの来る場所がなくなって困りますよ、エバタさん、やめてくださいよ、って言ってるよ。ありがたいことだ。

おれがさ、結局あの精神医だってもさ、運動がしたかったんかなぁぁーーって、ボヤいたら、古いなかまがね、こう言ったよ。あの人は昔から活動家路線だったんだよ。えばっち気づかなかったのか？って言われたよ。ある種、プシ共闘の典型の一人みたいなもんなんだよ。えばっち気づかなかったのか？って言われて、おれ愕然としちゃったよ。えばっちが、あんまり言うから黙ってたけど、あの人は昔から、とても政治的だったたよ、って言われてショックを受けてるんだから、おれもナサケナイよな。もっとも、そういうこととは別に、ここの若者たちもまた「プシ共闘みたいやな」「結局この人も運動がしたかっただけなんですね」と言ってる。

自分自身は発達障害だと思うけど、「見えてるものが違うんじゃないですか？　僕たちには「絶望」が、発達障害断薬断行原理療法の諸君には、「希望」が見えてるんじゃないですか？」って、おれのこの原稿のこの段落をタイピングしながら言ってるよ。2014年5月23日午後4時頃の本当のハナシだよ。ああ、もちろん、おれたちみんなの部屋のなかにも、発達障害者はいるよ、もちろんだとも。本人が、決めるんだからね。まず、本人が納得して、自他ともに認める、ということナンだよ。で、そのなかまの、言ってること、さね。

おれたちキーサンは、絶望を見ているんダケドネ。

う君がこの間、ずっとみんなの部屋で、言い続けている悩みをスパゲティをすすりながら、呻くようにみんなに語るのであった。

最初、発達障害かと思ったんですよね、でも今違うと思うんですよ
や君は精神病は誤診だと言うんですよね
ボクもそう思うんですよね
じゃあ僕は何者なんでしょうね？
クスリは本当に、ゼロになるかと最初思ったんですよね
でも、しんどくなってきたんですよね
10分の1にまでになって、とても敏感になってきてしんどくなってきたんですよね
このまま、減薬を進められるかどうか、わからないんですよね
今、や君と相談して減薬を止めたんですよね
増やそうかとも思ったんですよね
それにね、生活保護が心配なんですよね
マイナンバーも心配なんですよね
マイナンバーが医療情報と結びつけば
今飲んでる薬の量、わかっちゃうと思うんですよね
生保のケースワーカーわかるようになると、思うんですよね
どうしたらいいのかな

進むも地獄、退くも地獄、とはこのことですよ
こういうことを
本当に、わかってるんでしょうかね？
苦しさの質が変わるだけなんですよ
苦しいことに変わりはないんですよ
進むも地獄、退くも地獄、とは、このコトなんですよ
そのへん、わかっているんでしょうかね

と、う君は、みんなの部屋で、呻くように、言い続けている。
すると、くちゃんが、

そやったらわしかて言いたいわ
5年かけて3000ミリから600ミリに減薬したんや
大変やったんや
つらかったわ
3000ミリつっこんでた医者もひどいけど、減薬もしんどかった
もう嫌や
もうこれでええんや

でも、600ミリに減ったいうても
あんまり楽になった気がせーへんな
もうかんべんしてほしいわ
座れへんようになってしもうたんやで
減薬途中からこうなったんや
でも、みんなの部屋で親友と出会って
卓球と乗り鉄で、コレから人生良くなるんやーーー
そうするんやぁぁぁーーー
600ミリでイイんやぁぁぁーー

またもや、オモタいシンドいクスリも口もカラダもオモタい生活保護の、高齢の、入院も長い精神病者が、、置いていかれるように、捨て置かれるように、、無視されてるように、感じるなぁぁぁーーー、っていうのが、コのトコロのみんなの部屋のなかまたちの想いだと思うなぁぁぁーー

『なかま達の声から』

交流広場のなかま達から

あいうえお順

私にとっての悠遊舎

石田 由美子（悠遊舎えどがわ）

悠遊舎は、私にとっては、どうしても、必要な場所。

昔から、カウンセラーの先生に言われていました。「うちの近くで、スタッフの人がうちに寄ったりできるところがあるといい」と。私の場合、私が悠遊舎に来るぶんには今のところまあまあ近いのですが、スタッフの人がどう思っているかはわかりません。私は文章を書くのが好きなので、こうしていることは幸福なことですね。

悠遊舎は、わりと、大いに、自由なところですね。毎日、来てる人もいるし、たまに来る人もいるし、でも、それを認めてくれる不思議なところっていうか、全体的には優しいところですね。

個人的には来てた人で来られなくなったか、来なくなった人もたくさんいるそうで、来てる人は、そういう人がいることも忘れないでほしいですね。来なくなった、来られなくなった人を、スタッフやメンバーさんが、時折訪問したりもしてますね。

私が最初に来たころから感じていたのはスタッフもメンバーさんも優しい人が多いですね。私がわりあいと優しくないから、きっと優しさに敏感だからかな。

長野松本市での集会の感想

伊藤　時男（精神国賠訴訟原告）

私は長野は二回目でしたが、長野の町は、私が住んでる群馬の太田市と似たような町なので親近感がわきました。松本ははじめて来ましたが、私は会場に遅れて来ましたが、松本の人は文句も言わず、私の病院での話をじっと聞いて下さって、私は本当にありがたく思っています。それから着いてまもなく私が作詞した曲を一緒に松本の人とうたえたのは、本当に楽しかったです。女の人の声のすばらしい唄を聞き私は心が和みました。それから集会で何人かの話を聞き、無事集会が終えたことは本当に良かったです。集会後歓迎会が店で行なわれ楽しい夜を過ごしたことは忘れられません。本当に松本の皆さんとふれあったことは今でも心に残ります。

※江端さんや松本の皆さん、また松本で会えることをまた太田の自宅で筆を取っております。できるならまた松本で皆さんと会いたいです。

「たまりばらくよう」がここにある

片山　建作（たまりばらくよう）

1993年6月「心の悩みを分かつ会」を発展解消し、洛陽教会に当時の牧師府上征三さんと江端一起さんが共同代表になり「たまりばらくよう」（以下たまりばと略す）が出発した。今年で30年になる。月1回の和室での歓談は当時15名ほど。年始はお鍋会、夏には焼肉パーティで40名近く賑わった。江端さんは自身精神的病を負いながらも、同じ痛みを持つ「仲間」を連れてこの集まりを主導した。仲間は自然にたまりばの常連になり、その常連がまた仲間を連れてきた。教会からは世話役として5名ほどが参加した。

私は主に2000年から2010年は欠かすことなく出席した。たまりばへの来会者は、ある人にとっては憩いの場であり、また別の人は悩みを放出したり、更に孤独から解放される時でもあった。教会からたまりばに参加する者も、来会者の生活状況や悩みを真剣に聴いていると、自分の心に伝わってきて、時間を忘れて話に没頭した。来会者の多くは治療していたが中には入院中の者もいた。家庭での生活に戻りたいが、しかし病院は出してくれない。今の楽しいひと時が終わったらまた病院に戻らねばならない。教会員にとってこれが最も心痛む言葉であった。月1回の交わりは約2時間程度であったが、来会者一人ひとりが心を通わせる時であった。精神に加え身体の不自由な人は、江端さんが自分の車そして車いすの人は介護タクシーで送迎していた。中には概ね黙して2時間を過ごす人も居た。しばし病院から離れて解放され、この場の空気を満喫している様子であった。心を痛め更に身体も動きにくい人までが、たまりばに来るのは自由と開放感に触れる空気がこの場所にあるからだと思う。江端さんは体調不良の時もあったが、たまりばの日はたとえ30分でも必ず出席した。

この30年間牧師は府上さんから森下耕さん、そして現在の松下道成さんへ交代したが、江端さんはたまりばの共同代表を続けている。そして日本の精神病医療への不満と批判と改革のため身を削る思いで日夜考え、同じ仲間と活動を続けている。また前進友の会「やすらぎの里」の一員として、そこで働く精神的弱者と労苦を共にしている。そのため一時作業所からたまりばに来る人は半数を占めることもあった。このようにたまりばは江端さんと教会員が一体になって、来る者にとって自由に心を休め且つ語り合える雰囲気で盛り上がっていること、教会という場所であるがゆえに何の制約もなく集まり、また教会員も常に喜びをもって受け入れ準備をして迎え、応対していることがたまりばが長年続いている大きな要因であろう。今後ともたまりばらくようの活動が、地域に根差した憩いの場所として長く継続していくことを強く願っている。

私たちの居場所

菅原　恵美子（第二悠遊舎えどがわ）

東京にある悠遊舎えどがわには就労B型と地活Ⅲ型が併設されている都内でも唯一の施設です。

そのため色々なメンバーが多く、また喫煙室は他の施設とは比較にならないほど広い。そして決められたメンバーが施設のカギを持って、朝9時に悠遊舎えどがわに行ってカギを開ける。スタッフはその後10時に社長出勤する。

ざわめきの中、10時15分から朝のミーティングが、それまでの喧噪がなかったように始まる。それは連絡事項、レクリエーションの提案、昼食のメニュー決めなどが通常である。

大事な決めごとはスタッフだけで決めず、メンバーも含めて決める、これは月に1回の運営会議と呼ばれている。

スタッフもメンバーも楽しむときは楽しみ、悲しいときは悲しむ。

同じ立ち位置でいてくれるスタッフに感謝。

自分の症状と悠歩舎の良さ

中野 雅裕（悠歩舎）

初めまして中野雅裕と申します。僕の病名は強迫性障害です。16歳の時に発病しました。

初めの頃は手を洗うことが気になって何回も洗ってしまいました。

今は数字が気になっていて、自分の趣味にさえ影響しています。

というのは、くわしく言うと、僕は音楽が好きで、ギターを練習しているのですが、立って弾くときに肩から下げる、ストラップというベルトの調節する回数が気になって、1日2回調節すると、翌日1回で終わりにしたいと思い、その日1日がダメだと思って悩んでしまう、というところがあるのです。

そんな僕にとって悠歩舎は病院と違い自分らしくいられる場所です。

一番の理由は施設長の存在が大きいと思っています。施設長はメンバー全員にいろいろな体験をしてもらおうと一生懸命です。その姿に助けられました。

前進友の会と初めての出会い・想い出

狭間 英行（SAN Net 青森）

おいらこと狭間英行は、SAN Net 青森の事務局をしている根本俊雄さんとメンバーの荒関繁信さんと京都にいる前進友の会に会うことになりました。きっかけは根本さんが昔から前進友の会に興味があり、江端一起さんのこともお気に入り。「あんな人、なかなか現れないよ」と言った記憶がありました。それから荒関さんとおいら、知っていく感じであたりまえにエバッチのこと思うようになりました。エバッチと根本さん交流していたのですが、荒関さんが長期の入院、そして退院してからエバッチに会いに行こうと急に決意。おいら付き添いで、京都・大阪行くことになりました。２０１４年３月です。記憶はあいまいですが、京都大学で荒関さんと根本さんが講演して、どっかで夕方ロシナンテ社の四方さんと食堂でメシ。大阪は府立大学の松田先生の案内で通天閣に行ったり、３人で鶴橋の焼き肉大門行ったり、楽しかったです。一番の目玉は京都です。京都で一番古い商店街のなかのホテルに泊まり、平将門の首の井戸あったり。大変興味ある土地。さすが京都と思いました。

　タクシーで場所にたどり着き、大石内蔵助通りで待っていたら、黒の服装に白い手ぬぐい？　豆絞りの手ぬぐい？　かな？「ドーモー、エバッチでーす。ようこそ」みたいな感じでしゃべり、皆で握手して挨拶。おいら忘れられない瞬間でした。ビデオで見た過激派でなくチャゲアスのチャゲだと思ったら、本人、横山やすしに似ていると思われたい話をして、なるほど似ていると思いました。前進友の会のアジトにたどり着き「ここが本部、スゲー」。二階建てのアパートで歴史を感じた。荒関さんがエバッチから貴重なＤＶＤ渡してもらい、感極まって涙流して皆で写真撮ったのが想い出です。今は新しい場所に移りましたが、エバッチ、久郷さんや皿澤さんなどみなさん助け合い、自治会がんばって下さい。おいらの思い出です。一期一会。

当事者自らが運営する事業所「ほっとスペース八王子」

榛澤 昌高（ほっとスペース八王子）

ほっとスペース八王子は、1995年、精神障がいを抱えた者同士で当事者会を立ち上げ、その活動拠点と居場所として、当事者自らが運営する共同作業所を立ち上げたことが始まりです。その後2012年、自立支援法の法内施設（就労継続支援B型）に移行してNPO法人格も取得し今に至ります。

〝一人ぼっちをなくそう〟をスローガンに掲げ、孤立しがちな当事者が人と繋がり社会と繋がり、自分らしく過ごせる場としての役割を守って参りました。また当事者主体の方針のもと、主体性、自主性、自立心を養い、精神障がい者にとって生きること自体厳しいこの社会で、生きていく術や生きる力を養うこともめざしております。現在は当事者だけでの運営ではありませんが、職員は6名中3名が当事者、法人理事も7名中4名が当事者です。当事者が運営に積極的に関わることで、当事者の真のニーズに応えられるとも考えます。

活動はB型ながら、工賃作業よりも自立と社会参加をめざしたプログラムが中心です。全体ミーティング、やんわりトーク、企画部、英会話、学習会、パソコン教室、泳ごう会、スポーツ教室、カラオケなど多岐にわたっており、他者との関わりやコミュニケーションを目的としたものが多くあります。

またほっとスペース八王子は当事者会でもあるので、普及啓発・権利擁護・当事者の声の発信など社会活動にも積極的に取り組み、他の事業所とは一線を画す活動をしてこられたことが私たちの伝統であり矜持にもなっております。

交流、そして自治へ…当事者主権への道

東谷 幸政（精神医療国賠訴訟研究会代表）

えばっちの名前は知っていた。私が理事を務めていた医学会の大会に押し寄せて、会場で騒いだり、爆竹を鳴らしたりの行動には怒りを感じていた。それが病者運動であるなら、あまりにもレベルが低すぎる。当事者が現代の悲惨な精神医療の中で主権を取り戻し、主人公として立ち現れることには結びつかない。むしろ社会的孤立を深めてそのうち消滅してゆく運動だろうと見ていた。

私が交流してきたカナダ、バンクーバーの当事者たち「メンタルペーシエントアソシエーション」（精神病者協会）やアメリカ、バークレーのC―L（センターオブインデペンデンスリビング自立生活運動）の当事者たちが展開してきた戦いが、各種の地域福祉事業の展開や権利回復のための法廷サービスや訴訟運動だったのに比べて、矮小な活動だと思っていた。

見る目が変わってきたのは、「福祉労働」誌にえばっちが書いた文章に触れたこと。そして全国のデイケアや作業所に呼びかけて自治会作りを呼びかけて組織つくりを開始してからである。かねてより、精神病者集団の活動家がまるですべての精神障害者を代表しているかのように発言していることを私は苦々しく思っていた。それに対してえばっちが、それはごく一部のエリート障害者による「健病者」運動であると批判したことに私は喝采を送った。彼らは重い病を抱える精神障害者全体を代弁してなどいない。できるはずもない。

えばっちとは、伊勢の実家にいた私のところにわざわざ来てくれて、長時間話し合い、

意気投合して友人になった。前進友の会の仲間は国賠運動の会員になり、私も当事者交流会に参加するようになった。松本での全国交流会では裏方を務めさせてもらった。

今は、精神医療を根底的に変えようとする、かけがえのない大切な仲間だと思っている。

前進友の会と私

堀出 俊子（夢の木訪問看護ステーション）

看護の勉強してるなら、合宿に来てみないかと誘われたのが、きっかけだった。

それから47年。今は、精神科訪問看護をしている。私の三人の子どもはそれぞれに精神障がい福祉に携わっている。我ながら、長いつきあいになっているなと思う。

強制退院になって友の会のきっかけを作ったAさん。

やせ細った膝を抱えたMちゃん。

みんなの部屋の拡張資金にと虎の子をポンと出したTさん。

酒好きなOのおいちゃん。

テレビ番組の取材で入院時の褥瘡の跡を披露したN君。

一人暮らし支援に行けば、冷蔵庫から洗濯してない靴下。布団の下からもやしが出てきた。長期入院が当たり前だったあの頃。念願の退院は三か月しか持たなかった。

最初は夜行列車で、そのうち観光バス二台で鳥取の夏レク。一人積み残したっけ。

Rさんの乗った救急車の後を追って日赤に行ったこともあったな。

住み込み代として子どもたちの家庭教師した人。

子どもたちの面倒見てもらって、一緒にご飯。みんなよく泊まりに来たなあ。

鬼籍に入った人も多くなった。


看護ってなんだろう。昔の学園祭のテーマをいまだに考える。

精神保健福祉法ができて、精神医療も少しは良くなってくるのかと期待していたわけではないが、案の定、現実は変わらず。それどころか、入院中に虐められる、殺されるが新聞ネタになるこの頃。精神病院に入っていたと言うだけで白い目で見られるのはいまだに、ある。

新規の訪問看護希望の方に出会いに行くと悲しくなることがある。

畳に立ち尽くした足跡を見たときには、座敷牢かと思った。

運転免許証は持っているが、車に乗ったことがない人にはたくさん出会った。

看護師免許を取ったが、ひきこもって数十年。高齢の親が死んだらどうしたらいいとの相談も、ある。

家族から差別的な言葉に四六時中傷ついている人。

精神科診療所も増えた。就労支援B型事業所、障害者枠での就労、サロン、見守り活動等々、あの頃と比べると支援の手は増えているのだと言う。

この子を残して死ねないという超高齢者の親。生活保護にはなりたくないと言う人等々、いまだにある現実。

「わしらの不幸で飯食いよって」と投げつけられた言葉に。

私はどう返事すればいいのだろう。

映画「キチガイの一日」の誕生

山本　明子　（ミニコラ岡山）

２００４年映画館で、マイケル　ムーアの「華氏９１１」を観た。世の中の不条理に憤りを感じた。私は興奮も冷めやらぬまま「華氏９１１」のＨＰを開いた。

映画を見た人の感想が寄せられていた。「マイケル　ムーアは凄い監督！　ヒロシマーナガサキを撮ってもらったら良い」

了見の狭い私は、無性に憤慨した。長崎県出身の私は日本人が撮るべきだと怒りすらこみ上げてきた。

その時、突然脳内が解放され身体は中に浮いた気分。心地よい神聖なハーブのしらべに包まれた。身体は熱い様だが、頬は爽やかな風に撫でられている。

そして肺の底から「映画を撮れ！！」と告げられた。

もしかして、これが世に言う「お告げ」かと。

映画製作などなんの経験も無かった私だったが、この「お告げ」のおかげで映画を撮る事ができたのだ。

協力して下さる方の力を借りた。おかげさまで「キチガイの一日」は北は栃木県、南は宮崎、全国50カ所ほどで上映、のべ３５００人ほどの方に見ていただいた。

これからもこの映画は皆様との出会いを求めている。

みんなの部屋のなかまたちから

あいうえお順

生命線

市野裕一

前進友の会やすらぎの里にぼくが出入りし始めたのは今から30年以上前で、まだ学生でした。アルバイトとして日ノ岡のやすらぎで過ごさせていただく中で、今はもう亡くなられたたくさんの方々とお会いしました。

卒業後は自分自身の依存症の問題で東京の更生施設に入り、しばらくして精神病院にも入った末関西に戻って来て、「戻ってきているならまた一緒にやらないか?」とみんなから声をかけていただいたのが今から10年ほど前です。

ところでぼくは、「福祉」をしているとは思っていません。団体が生きていくため仕方なく肩書が付いていますが、仕事だという意識もあまりありません。

若い頃はアルバイトとして正直「優しい自分」に酔って「仕事」をしていました。けれど、自分自身が更生施設や精神病院に入ることになると、心の裏側から湧き出る「なんでこの俺が」という差別的な思い上がりに直面することになりました。その後も「俺はキチガイなんかじゃない」「あんなに酷くはない」だとかあるいは、過去や社会を穿り回して自分を見ないように足掻きましたが、関西に戻ってきたぼくは薬漬けになっていて、気を失っては糞を漏らすのでオムツをしていました。周りには誰もおらず、もう、疲れ果てていました。

「一緒にやらないか?」と声をかけていただいたのは、その頃です。救われました。

思い返すと己の傲慢を削るには、この経緯がぼくには必要だったのかも知れません。今でもすぐ調子に乗るので自重しなければなりませんが、大袈裟ではなくぼくにとって、みんなと過ごすことは「仕事」という括りではなく、自分が少しはまともでいることができるための、大切な生命線です。

日ノ岡から石田に越して来て数年経ちます。諸事情からぼくの住んでいる場所は「みんなの部屋」と同じ建物です。「みんなの部屋」は自治しているので、場合によっては夜遅くまで仲間が騒いでいます。上階で休んでいても、特に声のデカいEさんの雄叫びなど聞こえてきたりします。疲れている時は「勘弁してくれ」と思わないでもないですが、できるだけみんなとの縁を大切に生きて行きたいと思っています。

やすらぎの里での精神病とは?

金山 京子

やすらぎの里では、精神病の病気の重たい人がえらいっていう風になっている。私も母親のお腹にいる時から精神病院に入院していると言ったら、江端さんは、みんなに私を拝めと言って拝まれました。なんかはずかしいこと言ってるのに良かった気分になったものです。そんなことで、病気の重たい人は、総理大臣よりえらいと言ってくれるのです。だから精神病にかかわっている人はぜひこの本を読んでもらって、気分良くなっていただきたいんです。

私はプロになれない

久郷 克己

幼少の頃からずっと努力してきた。言っては、いけないことだが、親の子育てに利用されたのである。子育てに失敗したら一族から、ゴミのように捨てられた。
5才の時から、音楽教室に通う。周りは、K市交響楽団で活躍するようにまで期待された。

猛練習は、親族からオルガンを貰ったことに始まり、親がピアノを買ったことに引き続く。親からは、常に上をめざせの方針で、友達と最後まで交流できなかった。後は、ピアノジュニア科専門コースに合格し、通う。10才の時歌の練習で、先生に特訓され、突然頭の中でブチっと何かが切れて、急に音程が、狂った。これが私の精神分裂病の発症だ。この時点で決定していた。プロの供給者として、飯が食えないことを。人生の中でブチっと切れた思いをしたのは、3回で、高校2年2学期の基礎解析のテストの始めと、大学の一般論文受験の時だ。でも約30年、仕事の夢を見た。世間の仕事は、甘くない。スポーツ、文化、研究職、一般職に夢見たり、働いたことがある。もうこれ以上働けない底打ち体験すると、人生観が変わり、諦めざるを得なくなる。

結局、患者会しか行く所が無い。この場と、皆がいることに感謝して、リハビリとして卓球してこの場で生活をしたい。私はプロにはなれない。ここに感謝。

「前進友の会」のこれまでと、現在について

皿澤　剛

　えばっちの、この長い、何十万字の文章は、前進友の会・やすらぎの里の、現在地に移転するまえの、あの木造の古いアパート・日ノ岡荘の二階に僕らの居場所があったときの、お話です。

　読んでもらえれば分かるように、本当に血反吐がでるようなことがたくさんありました。僕も約20年間、そこで生活してきました。

　そのころは、全国にいまだ患者会が点在し、それぞれが各々、患者会文化の違いを持って、ゆるく交流を持って、運動面でも連帯していました。

　それで、その各々の患者会には、その患者会の大変さがあり、固有の歴史があり、それでもそこで、なんとか病者なかまが生活を、日々してきました。その固有の歴史、教訓が、なかなか残らずに消えていこうとしていることが、僕らには残念です。

　幸い、前進友の会の固有の歴史と教訓は、えばっちが、渾身の想いで何十万字も書いてくれて、そのエッセンスは残ると思います。ただ、その歴史と教訓は、我々固有のものとはいえ、あまりにもシンドイ、直視に耐えがたいものでしょう。そうです、患者会のセイカツというものは、そんなに甘いものではないのです。死屍累々、亡くなったなかまも多いし、出て行かざるを得なかった人間もいます。集まってくるなかまも、みんな心優しい、良い人間ばかりでは決してありません。ここで生活をするために、なかまから傷つけられることも多いですし、その逆もまた然りです。作業所としては「やすらぎの里」を名乗っていても、とても「やすらげる」ばかりとは限りません。

　例えば、前進友の会という患者会の文化として、あまりにも「鬱病」の病者に合って

いないという現実があります。それで、前進友の会には「躁鬱病」の病者はたくさんいても、「鬱病」の病者は殆どいないということが起こります。本来、鬱病と躁鬱病の患者数は圧倒的に鬱病が多いと言われていますが、前進友の会では、「鬱病」の病者は定着できなかったのでしょう。僕は「鬱病」の病者なので、そのことが痛いほどよく分かります。それも現実です。ただ、われわれがAグループと呼ぶ「分裂病」「統合失調症」の病者は、かなり良く定着していると想います。それは、Aグループの病者をこそ、大事にしなければいけない、という前進友の会の文化があるからです。

全体として、生活の面では、そういう血反吐を吐くような困難な面があっても、数十年、一緒に生活をともにしてきたなかまたちは、仁義を守ってきたなかまたちだと言えると想います。

運動面においては、そのようななかまたちへの信頼を基礎に、連帯していた各地の患者会とともに、『病者解放』を旗印に、一貫して運動をしてきました。確かに、失敗した面も多々あったと想います。しかし、本当の精神病者の《想い》をこそ大切にして、後先考えずに叫んできた純粋さはあったと、考えています。

現在、われわれは、居場所を変えて、新生「前進友の会・やすらぎの里」として、以前よりこぢんまりと生活しています。今の場所に移ってから、新しくなかまになってくれた病者の方もでてきました。いまのところ、以前よりも、平和に日々、生活することができています。新しくなかまになった方も、みな良い方ばかりです。生活としては、毎週の食事会を中心に、なかま同士のだべりを中心にしています。

そして、運動については、大きく方向性を転換しました。最も大きな理由は、各地の患者会がほとんど消えてしまったことです。それで、患者会の種をできるだけ広く撒こうとしています。反作業所・反デイケア・反グループホームなどの旗を敢えて降ろし、むしろその中にこそ、「患者自治会」を作りませんか、という呼びかけをひろめようとしています。もはや、純粋な患者会を求めることは無理だと理解しています。ただ、「患者会」の実（じつ）はできるだけ広げたい、それが、むしろ、いまの「病者」「患者」の現実を良い方向に変えていけることだと考えています。一人一人の「病者」「患者」の《想い》が少しでも、その生活している《場》で実現できることが肝要だと考えています。

そのために、仁義ある方々に、ひろく連帯していくことが大切だと信じています。

前進友の会との出会い

柴垣 孔明

２０２０年10月、自分は前進友の会という場所と出会いました。ここは、やすらぎの里共同作業所というB型作業所という表向きの看板をもつ会員制クラブみたいなものだと感じています。ここでは、世の中の全ての価値観が逆転しているという点がとても斬新でパラダイムシフトでした。今は、石田大山町という場所にありますが、前は日ノ岡という別のところにありました。不思議なご縁ですが、非常に病状が重かった２０１９年夏に、もともと前進友の会のメンバーである人に、日ノ岡にあったところまで唐揚げの食事会に連れて行ってもらっていたのです。病気の状態が重くてはっきり覚えてないですけど。石田大山町に移ってから、病気の状態もある程度落ち着いたので改めて前進友の会に行って、この世の中の価値観とはまったく異なる場所だと思いました。と同時に社会の影の部分で生きることを強いられている人たちのことをおぼえて、声を上げていることに対してとても感銘を受けました。世の中に前進友の会のような場所がもっと増えてほしいと感じました。

♪わたしさ〜く〜わっ♬いつまでもさ〜く〜わっ♫？？

棚谷 直巳

「あなたは作話しますか？」…やすらぎの里に利用登録するため役所の障害認定調査に行くと、二人の調査員さんが、そう最後に真顔で聞いてきた。

「はい、関係念慮妄想があるので。目の前の物の配置とか、通りすがりの人の声とか、結びつくでしょ？　だったら物語を作れるんじゃないかと思って。それで紙芝居と童話と童話詩と俳句ができました。だから初めは病気を通して預言者にされそうになったんですよ。いや、かなわんでしたわ〜。ただの兄ちゃんやのに。そんなん預言者ならんで良かったですわ。」

すると調査員さんたちは、ますます目をむいてわたしを見ているから…、こう伝えたんです。

「申し上げますが、病者にとっては自分のオリジナルな症状と生活の工夫こそ真実だと考えます。ステレオタイプに病・症状はあってはならないもの、嘘なもの、隠すべものとする今の障害判定基準こそ問題だと…そう思いませんか？　息がつまっちゃいますよ。」

ぜんぶ ほんまの話やのに、調査員さん達はただ驚いては下を向いてチェックをするのでした。

「もっと上を向いて会話をしようよ！　これでは僕の病気と障害が、もったいないです！」と、この話をやすらぎの里で話したら、みんなで大爆笑でした。病と症状を普段のことと受けとめて、会話をすることができるやすらぎの里は、心から「良かったなあ」と思える居場所です。そしてやすらぎの里の皆さんお一人お一人と、その歴史に感謝しています。

人生の春

中屋　有香

前進友の会さんの歴史は全く知らず、やすらぎの里共同作業所に通所しはじめて三年くらいになりました。

男性がほとんどでしたが、みなさん紳士的に新しい女性通所者を迎え入れて下さいました。

交流や訪問者も増えて、やすらぎの里もにぎやかになりました。

私も、ずっと自分の心が許せる仲間のいる居場所を求めていました。

半世紀生きて、やっと本当の友達ができました。本当に、人生の春です。

気分は富士山の頂上で、おにぎりをみんなと一緒に食べて暮らす毎日です。やすらぎの里に辿り着けて、本当に生きててよかったです。

心より感謝致します。

力と関係

元井 摩耶

基本的に福祉という発想はクソだと思っている。傲慢なパターナリズムではないか。自分がいつの間にか「福祉従事者」になっていると気が付いた時の自己嫌悪感に基づく葛藤は今も続く。でも、「革命」が起こらない限りは今ある手段として一番マシな使い方の模索は実用的であると思っている。その上で今まで人々の様々な闘いを通して勝ち取られてきたことへの敬意とその闘いの継続は絶対必要だと思っている。

私もここに書かれてあるような「男でも女でもなく、如何なる性的な法律や規範や道徳には、縛られないんダという。びさんは、男とも、女ともセックスするし、何人もの人とセックスするし、同時に複数の恋人がいると云うコトがあり…」ということに当てはまるわけなのだけれど、様々な問題等の交差点をどう解決するかについてはいろんな時と状況があり、複雑で簡単でないと思う。自分がどういう経緯のどういった場に居て、その場における自分の力がどのように働くのか？ については意識的でありたい。

自分が大事にしている視点はタートル・アイランド（北アメリカ大陸）の先住民族運動によって知ることになった「味方は要らんから共犯者になれ」（accomplices not allies）という考え方。

この言葉も大事だと思っている…

「ただ助けに来ただけなのなら帰っていい。ただ、あなたが私の苦悩をあなたの苦悩として考えてくれるのだとしたら一緒に分かちあっていけるだろう」（1970年代濠アボリジニ解放運動グループ）

第十四章　えばっち精神病院入院列伝

アレは信州のほぼ一年間の入院セーカツだった

友の会の大晦日、年越しかき揚げうどん大会の、うどんの量が、ハンパではなく、そのうえ、巨大かき揚げを三つも、のっけて、食べたのでした。
みんなは、二つ。えばっちは、三つも、載せたのでした。あーー欲張りだなぁぁぁーー
大晦日、食べ物が大量にある幸せを、感じたのです。なかまが、いることにもね。三度のごはんは三度ともいるのです、絶対にね。
なかまとともに、三度のごはんがたべられたら、それで、いいのですよ、ほんと。

大晦日、元旦を、信州のトアル精神病院で、過ごした、あの年の瀬は、忘れられません。寒かった。とても、寒かった。
大晦日、おそばが出たのかどうかは、もう、忘れてしまった。ただ、元旦に、お餅が、お雑煮が出たのですが、それが、ナントも形容のしようのないモノで、形容のしようがない、スゴイものでした。
ナンというか、あのプラスチックの黄土色のボウルのようなどんぶりの中に、お餅らしきネバネバしたモノが底の方六分の一くらいに、平たーくベターっとへばりついていて、その上に具のないだし汁がかけられていて、ドウやって食べていいのか、、分からないようなモノでした、、、
その底の方のモチのようなものが、お箸で、持ち上がらなかったのです。
だから、とにかくお汁だけ飲んで、残ったモチのようなものを、お箸を二本束にして逆手にもって掻き取るカンジで、ナンとか食べようとしました。とてもじゃないが、フツーには食べられなかったのです。
ソリャアームリでした、、、
でも、普通食のお雑煮を、お盆の上に、のっけているぼくの方を、そうではない、おじいちゃんやおばあちゃんたちがじぃぃぃっと、見ているのです。本当に

じぃぃぃぃぃぃーーっとね。

ぼくは、もちろん、全部残さず、食べたんデスヨ、もちろんね。逆手に持った箸でね､､､

電気ショックもアッタんです。飯は、ヒドかった。弟を殺した人もいたんです。保護室で、放火した人も、いた。二人とも、死にました。
コロサレタにチカいかな・・・・
忘れられません。

弟を殺してしまった、たさんが、あの時、こう耳元でささやいてくれた。
医者にはさかろうたらあかんぜったい。
入院中は、医者にはさかろうたらあかん。
一度も退院することもなく、電気ショックをやられ続けたアタマを抱えて、死んでいった。後に残されたのは、膨大な量の岩波文庫の本だったハズだ
ハズというのは、その時、ボクは、退院できていたからシャバにもどれていたのです。みんなを置いて、ボクは、シャバに、京都に戻って来れましたから・・・
あの時のハナシは、また後になる。
あの時、たさんは、ぼくの耳元でささやいてくれた。

医者にはさかろうたらあかん、と。
保護室に入るなかまを、保護室の前まで、見送っていった。看護士に取り囲まれて､見送っていきました。看護の日勤帯が、終わる時間になると、いつもいつも、保護室に向かうなかまの傍らを、二階のB2病棟まで、送っていった。日勤が終わるときの、恒例のパレードだった
ナンデ、あんなに、大勢の看護士が看護婦が、取り囲んでいたのか｡二人で､脱走するとでも､想ったのか。そのたびごとに、こう言っていた。またあした、会いましょう、ってね。そうやね、おやすみ、ってね。
こう言って、保護室の前で、分かれたものだった。目の前で保護室の扉が閉められた。春には退院できて、うまくやっているものだとばかり思っていたが、秋になる頃には、もう、死んでいた。

深夜に火災報知機のベルが鳴り響く。

「またか、やかましいな」

「またや」

部屋からゾロゾロ出てきて、ふつう火災報知機が鳴ったら、火事かもしれんと、逃げる準備のハズだが、

ココでは、ソンナことはない。

みんな、ゾロゾロ部屋から出てきて、デェイルーム の、あの安っぽい食堂のテーブルとイスが並んだとこ ろの定位置に座りだすか、造り付けのグリーンの擦り 切れた長椅子のあるあのコーナーに、座って、鳴りや むのを待っていた。

「やかましいな」

「寒いねーーー」

「今度は、誰が、やったのかな」

「今日も送っていった彼じゃないか」

と、おれに問いかける。

そうしてやっとこさ鳴りやむころに何処からともな く、あの彼が保護室で火をつけて布団焼いたらしいで というハナシが、伝わってくる。

みんなおれのほうをみている。

「アンタがライターわたしたんだら」

「ぼくじゃないですよ」

「じゃあどうやって手に入れたんずら」

「なかなか、あの若いの、やるな」

「看護士からケッコウやられるぞ、こりゃあ」

「眠気さめた。追加眠剤貰いに行こうかな」

そのうち、詰所から看護士が出てくる。


「みなさん、もうそろそろ部屋に戻って寝てくださ い」

火災報知機の説明は無い。

「看護士さん、追加の眠剤貰えますか」

「ああ、いいですよ、取りに来てください。ほかの ヒトも、要りますか」

おれもおれも、と、ゾロゾロ何人か詰所に向かって 行く。おれは部屋に帰ろうとするが、なさんだけ、そ こに残っている。

「なさんは部屋帰らないんですか」

と聞くと
「おれは、ここで、いいんだ」

と言って、その造りつけのソァーに横になった。

「おれは、ここで、寝るんだ」と言う。なさんは、 部屋のベットでは寝ないと言う。このソファーで寝る んだと言う。背広というかジャケットというか、上着 をキチンと着たままで、いつも、そこで寝ていた。

そういえば、部屋のベッドで、寝ていたこと、無かっ た。看護士も、それを許していた。特別なことだった。

なぜなのかワカラナイママになったのだが、おそら くは部屋のベッドで寝ていてナニカあったのだろうと 思う。看護士すら、ベットで寝なくても良い、という

事になるほどの、ナニカが・・・

たさんがあるとき、「弟をコロシテシマッタんだ」と、言った。唐突に言った。あまりに唐突に、突然言った。おれは、どう答えていいのか分からず、どう反応しようもなく、凍り付いて、ドキマギしていた。

電気ショックをやられ過ぎで、アタマのカタチが、変わってしまったんだ、と、言った。

いつもアタマを抱えて、岩波文庫を読んでいた。

ぼくも妹を半殺しにしてしまってここに来たんですよ、と言おうかな、と、思ったが、結局ナニモ言わず、電気ショックでアタマのカタチ変わったんだ、というハナシをずっと聞いていた。

電気ショックを何回も何回も、アタマのカタチが変わるほど、やられたんだよ、そう言って、たさんは、アタマを抱えながら、本を読むのだった。

ベッドの横に膨大な量の岩波文庫があった。

とさんが、言った。

「あの日は天気はよかったんだが、波が高くて大変だったんや。天気は良かったんだよ。天気は良かったんだが、でも、波が高くてね、波が高くて大変だった」

と、繰り返し繰り返し、言った。

とさんは、それしか言わない。それで、ぼくは、もしかして東郷元帥ですか、と、尋ねたんだ。

彼は、ぼくを見て、ニンマリ笑って、こう言った。

いつもより、幾分はっきりと、大きな声で、こう言った。

「あの日は波が高くて大変だったんだ」

彼が外出するのも、散歩に出るのも、大体、病棟から出るところも見たことがなかった。

そもそも、部屋から、出ていないようだった

ぼくの退院が決まった日、挨拶に行くと

あの日は波が高くて大変だったのだ、と、いつもより、小さい声でヒッソリと言った

退院した後、面会に行くと、彼は、ぼくに、ナンニも、言ってくれなかった。まるで、ぼくが、ソコには、存在していないかのように。

タイインシテシマッタぼくは、彼を、裏切ったのだと、思いしった。退院してしまって、裏切ったのだと。

その後、退院したぼくは、入院していた病棟に、面会に行った。お見舞いというよりは、面会に行った

考えてみれば、あの時以来、入院していた病院に、なかまを訪ねて、面会し続ける、という、ことになったのかもしれない。

東郷元帥に感謝すべきなのか、恨むべきなのか、その時から、ぼくは、10年以上経って「バクチク本」を持って行った。東郷元帥は、もういなかった。

それから、また、15年も経ってしまって、コレを書いている。東郷元帥は、今は、ドコにいるのだろう。

2000年に出した『バクチク本』を持って、再訪した時、病棟のほとんどのヒトたち、そのマンマ、あの病棟にいた。時間が止まったかのように、みんな、そのまま、ソコにいた。

もっとも、ナンニモ変わらずにというわけではなかったが、、、10年前は歩いていたヒトたちが、車いすに、なっていたのだが、、、、

たさんに読んでもらおうと、持って行ったのだケレド、彼ダケは、ソコには居ず、もう、ぼくを誰だかわからなくなっていて、意識も、なく、ありていに言ってしまえば、植物状態で、病院から離れた老人施設のベッドに横たわっていたの、だった。

看護婦に言わせれば、原因不明の感染症によって、そのような状態になり、この施設に移された、ということだった。

枕元に、バクチク本を置いて、帰ってきた。

京都に帰ってからも、ずっと、ハガキを送り続けていたのが、、、良かったのか悪かったのか。ただ、そのせいか、ほどなく、彼が亡くなった、という知らせが届いだ。知らせてくれただけ、マシか、と、思った。

友の会の夏レクの準備をしていた

れ君が言った。お茶いるだら、いるだら、そう言って、いつもいつも、小さなアルミニウムのやかんにお茶を入れて、みんなに配って歩いていた

信州の冬は本当に寒い。リノリウムの床を裸足はツライ。ここでは、タバコとカップラーメンと、そして、なんと、スリッパが貨幣なのだった。

彼にはずいぶんと、スリッパを騙し取られたモンだ。今どうしているだろう。少し知的障害があって、よく保護室に入れられていた。精神病院がいいのか、ここの前のコロニーがいいのかナンテ、よく、看護士や看護婦が、言っていた。

彼は、どうなったンだろう

ここは、今は、どうか知らないが、あの時は、ここら辺は、本当にナンダか。チガウ雰囲気の一角だった。

田んぼとリンゴ畑の真ん中を田舎道が走っていて、

その道の突き当たりがとてもガッシリした土手で。その土手の向こうに天竜川が滔々と流れていた
ソコに向かって右手に、ここら辺ではの単科の精神病院があり、広大な敷地だった、たしか、看護婦宿舎もあった。
左手は、例の全コロのコロニーで、ここもまた、広大な敷地に、畑と、知的障害者のみなさんの宿舎が、職員宿舎が何棟も、並んでいた。
国鉄の駅と、病院とをつなぐバスが、午前二本午後二本あるきりで、車でもなければ、移動も困難だった。

アルプスの山々が、とても美しかったハズなのだが、一年近くいて、景色の美しかったことが、どうにも、想いだせせない。

大体、世の中が、大虐殺の大ボス千代田城の主の下血騒ぎと死亡で、タイヘンだったと、後で、聞いたが、おれは、まったく、おぼえがない。


テレビの話題は、今の友の会のみんなの部屋とまったく一緒だった。野球と相撲だった。時代劇もよく見られていた。

ぼくのいた病棟では、将棋や囲碁は、あんまり、やられていないようだった。

病棟のなかで、千代田城主のそのような話題がアッタと、まったく記憶していない。記憶から抜け落ちているのか、それとも、本当に、あの中での、会話の中に、ソンなことが無かったのか、本当のトコロ、わからない。

ただ、憶えている、病棟での会話に、千代田城の城主の事など、一度も登場したことは、ないと、想う、のだ。世間様は、大騒ぎダツタそうだが。

そう、でも、ただ、いさんが、実はねワタシがね、ヒロノミヤさんのお嫁さんに内定しているのよ、と、言っていたのを、思いだす。


上の階B2病棟には、日蓮大聖人が三人もいた。よく、ケンカにならないものだと、思ってはいたがやはり、いろいろと、あるようだった。

ぼく自身は、日蓮大聖人様たちとは、なじめなかった。ちょっと、コワカッタ、なもので、離れていた。今思えば、イロイロと、スゴいハナシが聞けたかもしれないと、思う。

外勤のヒトたちがうらやましかった。キホン的にはアル中の患者さんたちなのだが、苛められた。各病棟にアル中部屋が必ず一室あり、そこの住人が、病棟を支配していた。

喧嘩といえば、実は、その部屋が一番多いのだった。みんな、その部屋には、できるだけ、近づかないようにしていた

おれたちは、アル中のヤツラと言い、アチラはおれたちのことをアタマのヤツラと、言っていた。混合がいいとは思うが、アル中は、別の病棟にしてほしい、というのが、本音である。

我々には、ほとんど、面会はなかったのだが、アル中の患者さんたちには、けっこう、面会者があって、親や奥さんや恋人が、来ていたと、思う。それも、うらやましかった。

外勤作業に行くもんだから、金も持っていた。製材所ということだったが、ひどい低賃金だったハズだが、それでも、おれたちからみれば、高所得者だった。

看護士の態度が、アル中の患者さんたちとおれたちとでは、まったく違っていた。医者の態度も。

ひとり、シンナー中毒の若者が入ってきた。ヒトなつこく、誰にでも好かれていた。依存症なのだが、彼だけは、アタマの側に、入れられていて、アル中のオッサン達からも、そう、扱われていた。

高校生ダッタと思う。キモチのやさしい青年だった。一人っ子で、親は、土建屋で、地元のそこそこの企業を経営しているようで、お金も持っていた

こんなとこにいたらあかん、とみんなから言われていた。退院したが、またすぐに戻ってきて、また、やっちゃって、と、風呂場で、言っていた。

ぜんぜん元気そうだったのだが、肝臓がやられていて、すぐにまた、内科の方に転院していった。泣きながら死んでいったと、聞かされた。看護婦がそう詰所で、言っていた

アル中の青年が一人入ってきて、それが、アタマのぼくらのところでもなく、アル中部屋のオッサンたちのところでもなく、どの部屋にいたかというと、例のコーナーのところの作り付けの長椅子の後ろ側に小さな部屋があって、そこは診察室という名目で、精神医がインタビューという名目の入院患者さんの診察の場所だった。

本来の使われ方では、アンマリ使われてはいなかっ

た。

　で、実際は点滴部屋に使われていた。そこが急遽、その青年の病室になった。空きベッドがなかったのか、それともアル中部屋にも、アタマのぼくたちの部屋にも、入れない配慮があったのか。

　ともかく、あの小さな部屋は、おもしろい使われ方をしてたと想う。一時、緊急保護室にもなったし、患者側の立て籠もり場所にも、なっていた。

　その青年は内観療法が良かったと、アッという間に退院していった。我々、アタマのみんなは、ナンノコッチャ、、、だったが、うらやましかった。


　入浴は、週、二回だったか、三回だったか、男性が先の時と、女性が先の時とが、交互に来るのでマチガッチャって、ところが、それで、ごちゃごちゃになるのに、みんな平然としてた。どういうことかというと、ツマリ、入れ替えの中間帯は、時々、男女混浴になってた。

　誰も驚かず、騒ぎもせず、おれだけが、腰を抜かしてた。恥ずかしかったなぁーあれは。

　不思議なことに、看護婦も看護士も、ナンにもしないのだった。それが、よかったかもしれん。

　入浴中に看護士や看護婦が入ってきたら、みんな、サッと緊張してたもんな。風呂の中で、みんな緊張するのが、本当に良くワカツタ。

　曜日で、固定してた時もあるようなハナシをきいたが、その時でも、コンなだったらしく、とにもかくにも、それが、フツーのことだった。

　今は、どうかな、、、。

　風呂場に、風呂の洗い場にウンコが落ちていて、実は、度々あるのだが、そのたびごとに、服を着て、詰所まで報告するのが、役目ダッタ。服の着替えが一番早かった、ノデ。
　つまり、おれが、一番若かった、ということだ。その時確か29歳。28歳で入院して29歳で退院したんだから。ともかく、若くて、とにかく、身体が動けば、ヨレヨレのおじいちゃんたちの、介護役になるのだった。それが、自然のなりゆきだった
　そして、ウンコがあっても、入浴は、続くのだった。看護婦も、ウンコだけ拾って、ソノママだった。後で聞いた話では、風呂の中に、まさに湯船の中に浮いていたことも、何度かアッタ、ということらしかった
　きっと、そうであっても、何事もなく、入浴は、続いたのでないか。

脱衣場と物干場が、同じなので、ツマリ風呂の脱衣場が、洗濯物を干すところにもなっているんだけれど、入浴日には、洗濯物を取り込んでおかないと無くなる、ってこと、ナンだ。

だって、風呂入って、上がってきたところに、洗濯物が干してあるんだから、おじいちゃんたち、それ、着ていっちゃうよ。

洗濯物干しておくと、無くナッチャウってとこは、ホント、ソコントコは、自衛隊と、一緒なカンジだったンダ。他にも、良く似たところがあって、この雰囲気、両方に行ってないと、分からないと想う。

だから、ムショと精神病院、両方に行ってたヒトがいて、そのヒトの言う事が、…、どちらもヒドイ、って。でも、どちらかといえば、精神病院の方がヒドイ、って。

ボクも言おう。軍隊も精神病院も、できるなら、入らない方がいい、…、イイトコじゃないに、決まってる。軍隊も精神病院も、入らない方が、いい、ですよ。

ずっと、四肢拘束されてるおばあちゃんがいて、ずっと、保護室に入れられている青年がいて、誰がどう見ても、誰がどう考えても、アレはむごいモノだった。

B1病棟の保護室は、別棟に二室あって、それはそれは、重装備なものだった。図でもかければいいのだか、壁の一面が、丸っぽ完全鉄格子なものだから、丸見え、というか、動物園というか、窓に鉄格子じゃなくて、壁が一つなくなっていて、鉄格子になっていて、それは、なんとも、ビックリすると想う。

ずっと入れられている青年が、頻繁にドアを叩くのでとても、タイヘンだった。昼もなく夜もなく、叩いてた、叫んでいた。あの保護室は、詰所から遠すぎるよ。

病棟の図でも描ければいいんだが、…、思いだせるかな、…


作業療法棟というのが、あって、そこに、作業療法士が二人もいるんだが、作業療法なんて、ひとッつもやってなくて、いつも、ガランとしてた。

設備だけは、じつに立派で、ソコだけ、公民館っていうカンジで、陶芸の電気釜や、調理施設やスポーツ施設や、茶室として使えるようにまで、なっていた。だから、そこの和室が、一人になれるとても、静かな場所だった。

おれは、そこで、作業療法の名目で、絵を描いたり、

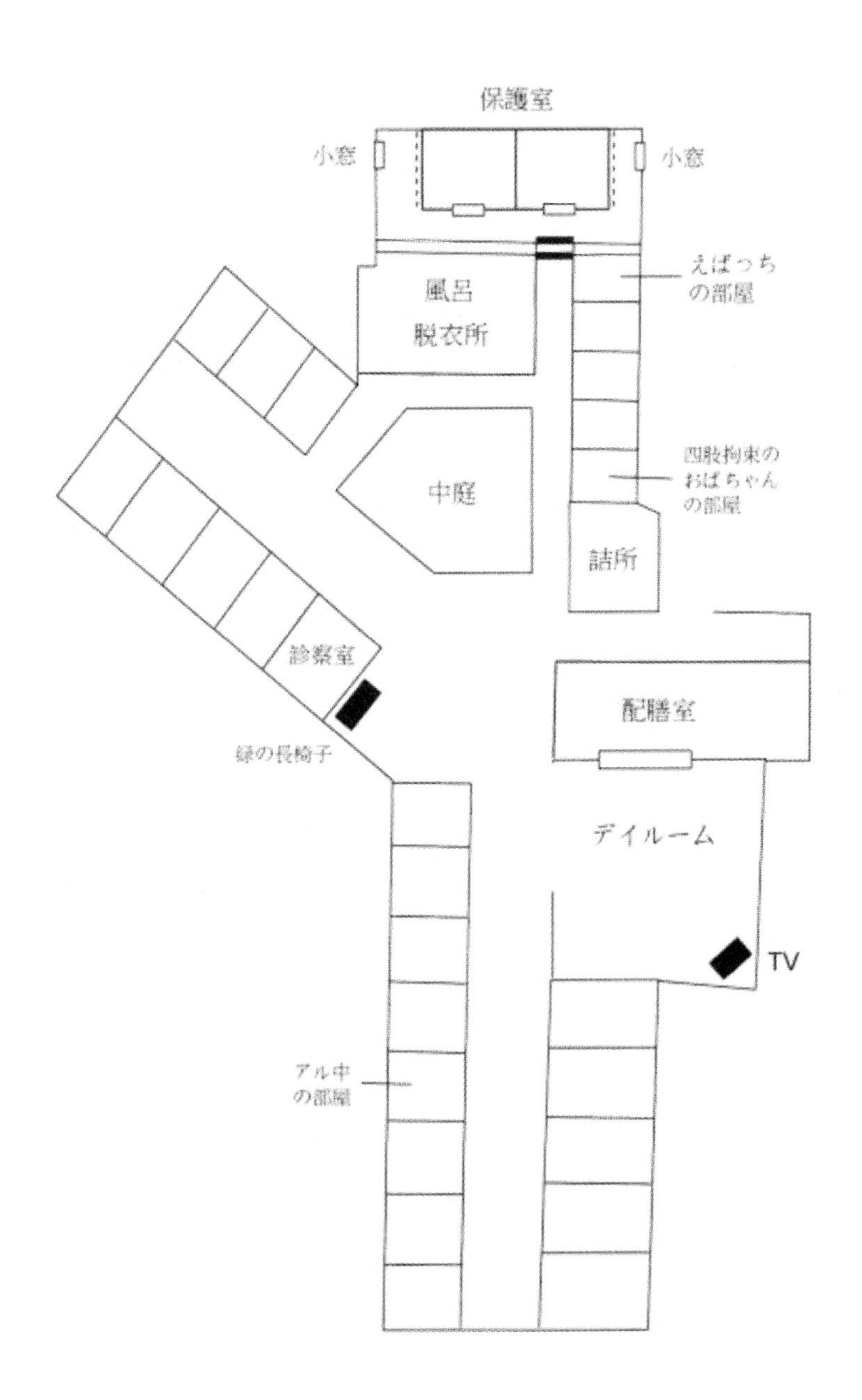
保護室
小窓
小窓
えばっち
の部屋
風呂
脱衣所
中庭
四肢拘束の
おばちゃん
の部屋
詰所
診察室
緑の長椅子
配膳室
デイルーム
TV
アル中
の部屋

ナニか工作をしていることになっているハズだったのだが、実際は、ソンナことなど、ほとんどナンニもなくて、一人の時間が楽しめた、

ありがいことだった。

ある時、その作業療法棟から、帰ってくると、病棟の食堂の床に、ナンダカ血らしきものが、、、みんなも、若干青ざめている。様子がナンダカおかしい、

どうしたんですか、ナニカあったんですか、と聞くと、なんでもずっと保護室に入れられていた、あの青年が、看護士に突然、襲いかかっていって、その青年も、看護士も、血まみれになって、凄かったんだよ、というハナシだった。こわかっよおぅ、と言って、どうも、その青年の方がワルイんだ、というようなことを言っていた。

その青年は、そのまま、ここからはいなくなり、保護室からのドンドンは、止んだのだった。彼は、ドコへ行ったのだろう。しばらくは、やられた方の看護士も、休んでいた。

そうだ、あの時。

あの時のことを、書いておこう。

あの時、それまでに、もちろん、いろいろと、こうなる状況はあったのでは、あるのだが、それにしても、、、、、、、、いきなり、、、、いきなり、本当にいきなり、走ってきて、医者が後ろから、飛びかかってきて、リノリウムのあの固い冷たい床に、殴り倒されて、上から馬乗りにされて、首を絞められた。それでも足りずに、今度は引きおこされて、何発も、顔面に貰った。もう一度、倒れた時は、ほとんど、気を失いかけてた。

周りに呆然と、立ちすくんでいた患者さんたちや、看護婦や、作業療法士たちが、まったく、身じろぎもせずに、凍り付いたかのように凝視していた。まるで、時間が止まっているかのような、スローモーションのような不思議な感覚だった。

その時、たさんがスッと近づいてきて、耳元でささやいてくれた。

「医者にはさかろうたらあかん」

「入院中は絶対に医者にはさかろうたらあかん」

あの時、それは、とても、勇気ある行動だったと思う。それからナニカが解けたように、そこにいた全員が一度に動き出して、その精神医は、何人かに囲まれるようにして出て行った、と思う。いや、一人で、白衣

をひるがえしながら、立ち去って行ったのか、、、
ボクの方は、ようやく看護か誰かに助けおこされた。よく憶えていない。
ともかくも、病棟に戻ると、さすがの病棟婦長が、おれを一瞥して、青くなっていた。後で鏡を見ると、顔と首の回りが、ナントモハヤ、凄いことになってて、誰が見ても、ナニカあったと、わかるわけだった。
普通なら、内科かなんかで、レントゲンを撮ったり、一応なんか、検査か、した方が良いのだろうが、ともかく、院長が来て、人差し指を眼で追うように言った。モノが二重に見えてないか、確か、ソンナことを聞かれたと、思う。
院長は、すぐに病棟から出て行って、詰所で、ナンカ貼ってもらったような気がするが、よく憶えていない。
何日かたって、地元の地方紙が、早速にカンづいて、入院中のボクに取材を依頼してきたから、騒動になった。誰かが、外に、漏らしたんだ。後で考えると、院内の医師達の派閥争いに利用されたようだった。医局長派と副院長派の対立にね。
ボクはモチロン、取材を断った。入院しているんだからね。断ったにもかかわらず、新聞記事になってしまい、院内で、医者が、入院患者を暴行、というような、実にベタな見出しの小さな記事だったと思う。ドコカに、記事のコピーが取ってあるはずなのだが・・・
それ以来、まるで、ボクは、病棟の、いや病院全体のアンタッチャブルになってしまった。しかも、その医局長、学会参加で泊まった旅館かなんかで酒を飲んでて、今度は副院長を、殴っちゃったみたいで、それも、新聞記事になってしまった。
ソンなかでも、ホンと、オカシな雰囲気の中入院セーカツは続いたんだ。なぜだか、おれ、県庁に向けて、その医局長への処分はしないでくれ、という趣旨の文書まで、書いて提出したんだから、、、
ホンとに、オカシなコトだったんダ。
バカゲたハナシだと、思うよ、、今でも、、
だって、退院はできないんだから。こんな事件があったって、入院し続ける以外にはなかったんだ。実家にも、京都にも、帰れなかったんだから・・・
とにもかくにも
それ以来、おかしな雰囲気の中、入院生活は続く。
それ以来、入院生活が、良くなったのか悪くなったのか。少なくとも、厄介なアル中部屋のおっさんたちや、

看護士たちが、ボクを避けるようになったから、身は安全とは、思った。

看護婦になりたかったんよ。学校にも受かって、行ってたのに、コンな病気にかかっちゃって、と言いながら、詰所に入り込んで、ナントカ、看護婦の手伝いをしたくて詰所に入り込んで、追い出されていた。

いまから思えば、クスリの副作用の乳汁分泌に、悩んでいた。シャツの胸のトコロがいつも濡れていて。アレはクスリの副作用だったんだよ。今なら、教えられるんだが・・・・ナントカナルカモシレナイよ。もう遅いなぁー

うまくいけば詰所で、脱脂綿を、ハサミで、切らして貰えてた、ね。その娘にしてみれば苦しかったと思う。急にいなくなっちゃって、ドウシタンダイ、、、

急にいなくなっちゃって、、、

落ちる落ちる、落ちる、と、ぼくに言う。ぼくが、食事の後、プラスチックのお盆に食器を載せて、配膳窓口に返しに行くとき、お盆の上の牛乳瓶を指さして、彼は、デェイルームの同じ席に座ったママ、必ず、言うのだった。

倒れる、倒れる、倒れる、と、ぼくに、言い続ける。いつも、将棋盤を前にしていた。

それが、将棋を本当にさしていたのを見たことがないのだが、その彼が、いきなり、倒れて、意識不明になり、ストレッチャーで、運び出されていった。大騒ぎになった。

そのまま、彼は、戻っては来なかった。ナンニも知らされないまま。例によって、入院患者の中では、例のどこからともなく、コンなハナシが拡まった。ロボトミーの後遺症で、血液の成分が無茶苦茶になった、というものだった。

不思議なことに、死んだと云うハナシはでなかった。入院患者の中で、どこからともなく拡がるハナシは、割と正確だった、と、そう思う。だから、彼は、あの時、死にはしなかったのだと、思う。ただ、二度と、ここに、戻っては来なかった。

いつもいつも、お盆の上の牛乳瓶が、倒れないか、シンパイしているヒトだった。そのころは、スイカ割りをされた患者が、本当にいたのです。

本当のことなんですよ。誰も、おもてだっては、窓口にはシナカッタ。でも、あの時だけは、語られたのです、患者たちの中でね。

彼の前の、あの将棋盤は、いつしか、かたずけられていて、誰も、そう、誰も、彼の席には、座らなかった。食堂の、エル字型の壁ぎわの角の席だった

あるとき、今日、電気ショックがやられたようだ。そう、ハナシが伝わった。いつものように、あのコーナーに、あの擦り切れたグリーンの長椅子に座って、よもやま話をしていた、あの面々が、一瞬にして、こわばって、真っ青になっていくのが、わかった。

そしてそれが、あっちの方の廊下にも、こっちの方の廊下にも、そして、デェイルームと云うか、食堂と云うか、テレビのあるとこへも、まるで、まるで、さざ波のように、伝わっていった。

それは、恐ろしいものだった。

看護婦や看護士たちも、ナンダカ、キンチョウしているように思え、そして、いつもより、とても優しく、感じられた。いつもより、もの言いが、優しいのが、本当に、怖いんデスヨ。本当のことなんですよ。

その日は、ナンダカ、一日、静か、ダッタ。

ボクの入院体験なんて実際はたいしたことはないんです。期間も、一年くらいだったんだし、全開放だったんだし、ね。

全開放といっても、まわりになんにもないんで、どこにも行きようがない。だから、道を一つ隔てた巨大コロニーの方も、ぼくたちの精神病院も、どういうわけか、門のところから誰も出ない。

どう言うかな、「自主閉鎖」と言うか、「お手盛り開放」とでも言うか、とにかく朝8時頃から、4時半頃までは、開いているんだけど、夕方からは、閉まっちゃうし。なにか病院か看護の都合で、いきなり勝手に閉鎖になっちゃうこともあったな。

そこで、ボクは何度か門を出て、田んぼのど真ん中の道を延々と歩いて国道まで行ったことがあるけど、なんというか、それだけのことで、また病院まで帰ってきた。総行程10キロはあったんじゃないかと思う。

なにしろ、遠かった、遠い、道のりだった。

今から30年以上前の話だから、変わってはいると思うけど、本当に何にもない、信州の田んぼの中を、てくてくと歩いて行ったんだ。カンカン照り、でさ、信州と云うのに、ギラギラした太陽だったなぁ。

それに、そう、県立病院だったから、看護の数も多

かったんだ。それでもコウなんだから。

今は、どうも精神科救急の拠点になって、ホームページでみると、あの時の建物は、一つもないようだ。外見は、とても、キレイな様子になっている。

エラく豪華な、精神科救急に特化したような、病院の姿が、パソコンの画面にあった。観察法病棟もあるみたいで、しかも、児童精神科もあるようだった。

あの時、入院していた患者さんたちは、ドコへ行ったんだろうと、そう想う

楽しいことも、アッタンだ。
愉しいことも、なけりゃあ、あの中で暮らしてはいけないよ。そう、暮らして、、、暮らして、いたんだから。
たしか、あれは、お花見だ。どこかの城跡に、お花見に行った。アンなにたくさん、病棟に入院しているのに、いざ、外に、お花見に出かけるというレクに参加する患者は、少なくて、ごく少人数で行った。
寒くて、寒くて、あんなに、寒いお花見は、後にも先にも、あのレクだけだった。あれより寒い、お花見は、ないと想う、未だに。寒くて、曇天で、しかも、桜は、あんまり、咲いていなかった
みんな、いっちょらの服を着て出かけた。ネクタイしめて背広を着ていた、んだから。出かけるときは、本当に、ちゃんと、背広を着ていたんだ。年に何度か、一度か二度の、レクのために、背広とネクタイが、あるのだった。
だから、出発前は、前の晩から、タイヘンだった。どっかのアンポンタンが、ギイン前にした口演のために、背広着るのとは、意味が違う。
あれは、本当に、あのおじいちゃんたちの、サイゴの矜持ダッタのかもしれない。
それにしても、なんで、あんなに寒かったのか。その時、看護士か、誰かが、撮ってくれた写真が、手元に残っている。あのレクに参加した面々だから、少しは、ゲンキだったはずだけれど、三十年以上も経った今、誰が、生きているのだろうか
あの血みどろになった、ずっと保護室に入れられていた青年も、看護士も二人とも、写っているのが、不思議な気がする。その写真、コレ読んでる人も、見てみるかい。でも、写っている人たちの了解とれないしなーー。いい写真だよ
退院した時、たった一年近くのコトだったのだが。それでも、その時には昭和ではなく、平成になってた

し、ともかく、景色が、違って見えた

いつの間にか
ヒトがいなくなる
あの恐怖は、分からないと、想う

この後、僕は、十年もたたないうちに三回目の入院を、それから、五年もしないうちに立て続けに四回目五回目の入院をすることになる。

第十五章　えばっちお仕事ドロップアウト列伝

シミン社会の辺境から「反社会復帰」「働かない権利」を偏狂に叫ぶ

障害者雇用水増し事件に悲しくなる

二〇一八年に発覚した「障害者雇用水増事件」に哀しくなる。「障害者雇用」が蔑ろにされていたことに哀しくなってるのではない。反対だ。「障害者雇用」をチャントやれという報道や運動に哀しくなってくる。ツラくなってくる。クルシくなってくるのだ。

「反社会復帰」とは何なのダ？　ドウいうことなのダ？　リクツやない。叫びや。

「労働」「働く」ってそんなにエエコトなんかいや？

テレビのニュースで例の政府機関や裁判所での障害者雇用水増し騒動の報道を見ていて、シンドくなってきたのだ。苦しくなるのだ。つらくなるのだ。またもやの「障害者雇用」を推進せよとの声には、もうクルシサしか感じない。

働けない、オモタいキチガイは、どうなるのか。オモタいしんどい精神病患者は、またもや置いてけぼりを喰らわされるのか。そもそも、「働ける」ような病者障害者、何かデキル病者障害者、何かの才能がアル病者障害者が、そんなに良いのか。何にもできできない、クスリもオモタい、シンドい、働けない病者はどうなるのか。

だからこそ、キーサン革命は、キーサン革命の鬼は叫び続けてきた(「キーサン」とは、やくざが「ヤーサン」なら、わしらキチガイは「キーサン」やという、「生命の底で居直る」誇りと意識をもった精神病患者会に集う者たちの自称である)。

今回も、叫び続けるしかない。「働かない権利」だと、「反社会復帰」だと。「働く権利」と「働かない自由」ではない。「働く権利」追求ならば「働かないのも権利」だと、そうキチガイは叫ばなければならない。だって、オモタい働けない病者は、働けるカルい、クスリも軽い「健病者」に差別され、いいようにヤラレてしまうからである。だって、大概のいままでの社会復帰論者、らは、大概、「働く権利」と、せいぜい「働かない自由」と言うてきたんですよ。そして、軽めの健病者たちが、コンなに気持ちよく楽しく社会貢献しております、働いておりますよと、宣伝に努めてきたんだから。それが、今度の「水増し事件」で、ソンなウソがふきとんじゃったんだから。

でも、だからこそ、そういう制度政策提言社会復帰就労活動家たちは、その嘘をホントにするべく、障害者を雇用しくされと、迫っていくわけです。アベチンですら「四千人国家機関で雇用してみせる」なんて言い始めたんだから尚更、活動家諸氏は、今度こそ、障害者を働かせて見せると、働いて見せると息巻いているわけです。

これではタマラナイ。オモタイ、シンドイ、ツライキチガイは、働くのはもう堪忍してほしいんですよ。シンドイんですよ。「働かない権利」を叫ばざるを得ないですよ。チガいますかいな。

「働いて社会復帰する見込みのない患者は退院できない」

精神病者は、退院したいときに、診察室でこう言われたんですよ。前進友の会の古い面々は、精神医からも家族からも、「まずは、社会復帰して働く見込みがないと退院はできません。退院は許可できませんよ」と。精神医が、主治医が、診察室でこう言うんや。「アンタには働いてもらう、アンタにはワシはゼッタイに年金の診断書は書かん」と。ほんまに、そう言われたんやから。だから、喰うために働いたんですよ。精神病で年金や生保が取れるなんて、夢にも思わなかったんだから……。

だから、みんなの部屋のみんなの職歴聞いたら、びっくりするぜ。そんなに甘くはない。それは、キーサンが一番よく知っている。「前進友の会」の「みんなの部屋」の猛者たちは精神病院と釜ヶ崎を行ったり来たりしながら生き延びてきた。釜ヶ崎と精神病院の間で、生き延びたんだから。そんなに甘くはないんだよ。精神病で生保や年金取れるなんて、誰も思ってもみなかったから。生きていくには、働かなきゃならんかったんだから。それで堪えられずに死んでいくなかまもいたんだ。再入院を繰り返すなかまも居たんだ。

だから、おれたちは、生命の底から、腹の底のソコから「反社会復帰」と叫んだのや。「働かない権利」と叫んだのや。

障害者雇用促進音頭に踊らされ、障害者の中にヒエラルキーが生じさせられる

ところが、今の世の中では「広汎性高機能性発達障害」が流行なもんで、社会復帰も労働も、「高機能性社会復帰」「高機能性障害者雇用」が幅を利かせてるんですかいな。『肉体労働』には眼もむけずに、国家公務員試験受けたり、博士取って大学の研究者になったり、あまつさえ精神医、精神医療従事者になったり、福祉施設の職員になったり。あるいは、この際アベチンの四千人の大盤振る舞いに、シッカリ乗って、国家公務員や地方公務員に入り込むんですかいの……。「広汎性高機能性発達障害」者の諸君は「広汎性高機能性社会復帰」をめざしますのんかいな。大概にしとけや、ほんま……。

ドウしてこうもオモタい精神病者を見下せるのか、置いていけるのか。30万人を病院の厚い鉄の扉の向こうに置き去りにして、国家機関に就職できる四千人の枠内にすべり込みですかいの。今度厚生省に抗議に行ったら、出てきて対応するのは「当事者スタッフ」的な今次の「障害者雇用水増し事件」を受けて大号令の下に「障害者雇用推進」されたお役人様が登場ですかいの。

だいたい、クスリゼロになって、「先生」と呼ばれる五職（研究職・教職・創造職・福祉職・医療職）になれるヤツなんて、ほんの一部のエリート「健病者」に決まってる。それか、はなっから、健常者ナンダヨ。「発達障害」や「健病者」ですらナインだから、そりゃ、働けるダロウよ。バカバカしいったらありゃしない。

この四千人規模の政府就職枠を巡って、採用試験がスタートしたらドンな博士者、障害学者、ハツタツショウガイ者で溢れかえるか、見ものですな。実のところ、ほんの一握りの「障害者エリート」でっしゃろな。そして、30万を超える入院精神病患者や、働くこともできず、クスリも重く身体も重く、つらいシンドイ、ヒィヒィ言いながら日々の暮らしを送っている圧倒的な「病者大衆」「患者庶民」の上に「エリート雇用障害労働者官僚猿」として、君臨することになるのです。そのもう一方のふり幅のトコロに作業所「当事者スタッフ」なる在り様を宣伝しつつ。こういう構造は、延々と続くのですよ。そして、ヤッパリ今まで言ってきたように、オモタいシンドいツラい精神病患者と閉鎖の入院患者は、またもや置き去りにされるのです。障害者雇用促進音頭の踊り手たちによって。

なぜ「働かない権利」なのか地を這う病者のアルバイト・仕事歴から

ここで、〝えばっち〟こと江端一起が、ジッサイにやってきた仕事、労働、特に発狂後にした、就労や労働と称するものから、「働かない権利」「反社会復帰」を、叫けんでみたい。ほんまタイヘンやったんやから。反社会復帰ナンデスよ。リクツじゃないんですよ。

社会に対して、精神病患者が復帰したいような社会なのかどうなのかを、まずは突きつけるのです。それが先です。それが先じゃないのか。

それでは、おれのアルバイトや仕事の、羅列を見てください。発狂前も、発狂の原因となった職場も、隠れてクスリを飲みながら働いていた職場も、数えてみて全部で14カ所ありました。世間様は、そんなに甘かないですよ、まったく。とにかく、シンドかった。発狂前も発狂途上も、発狂後も、とにかくとにかくシンドカッタ。このシンドさをどう表現すればよいのか。そりゃあ「健常者」や「市民」の皆さんだって、働くのはシンドイことなんやと、働くいうのんは楽やないんや、特に今の世の中は、と、言われるのは、重々承知です。だからこそ、キーサンからの、コレが、今の世の中の労働、労働運動いうモンへの「お礼参り」ですよ。だからこその「働かない権利」という「生命の底で居直る」生き方のバラ撒きなワケです。こんなシゴトしてきたからこその「反社会復帰」「働かない権利」を叫ぶんですよ。隠れてクスリを飲むのんは、シンドカッタ。

隠れてクスリ飲むんも、ツライんですよ。

①自衛隊で二等陸士

高校卒業後、まずは自衛隊がかわきりだった。そして、同時に夜間大学入学だ。今も昔も、地方の農村出身のビンボーな若者が、大学に行こうと思ったら、まずは、軍隊に入るところから出発だ。バッグ二つと三万円持って営門をくぐったのは、卒業式から二週間とは経っていなかった。四月一日付け入隊のはずなのだが、三月半ばには駐屯地にいてたはず。ドウなっていたんだろう。とにかく、物品受領と、各種心理テスト漬け、それに、詳細な身体検査を一週間以上かけてやったと、思う。そのあとの四月一日の入隊式から、お仕事歴の始まりだ。

軍隊の新兵・二等兵というヤツダ。MOS（兵隊と

戦闘訓練後に班で記念撮影

しての特技）は、施設手、ツマリ工兵ということだ。銃剣道で、絞られたぜ。先任助教がこの道が得意だったから、タイヘンだったんだ。もっと言うと、旧軍の士官学校出や幼年学校出が、まだまだ幹部にたくさんいた時代だ、荒っぽかったよ。行軍と戦闘訓練が一番キツかったね。しかも、同時に夜間大学入学だ。昼は鉄砲もって這いずり回り、夜はペンに持ち替えてノートをとっていたわけだ。今思えば、えばっちのアタマに、相当なダメージを与えたと思う。後々の発狂の要因の一つだと思う。とにかく高校を奨学金で出たもんで、まさかその返済が、夜間大学入学しても、高卒と同時に始まるとは思ってなかった、甘かった。だから、軍隊しか、方法が無かった。奨学金返しながら夜間大学の学費払って、しかも、三度のご飯が食べられて、家賃かからないところで寝られるのは、ココしか思いつかなかった。シカタなかったとは思うけれどヨクナカッタと思う。恥ずかしいハナシだ、、軍隊に行ってたナンて、、

とにもかくにも、ハイポートとかいうフル装備で、自動小銃もって走り続けるという訓練だか、班長助教たちのイジメだか分かんないようなのがあって、その時は、気を失ってしまい気が付いたら班のベットで寝

かされていた。とにかく、ぼろぼろだった、ムクわけはなかったんだから、軍隊奉公なんて、入室も良くした、病院に入院のことを、医務室に入室と言うんです、医務室と言っても三階建てのビルみたいなカンジだった。

六四式自動小銃が、四キロを超えているんだ。重かった。確か、四キロ三〇〇グラムアッタ。しかも、自動小銃というのは、本当に不恰好で、扱いにくいシロモノなんだ。腰回りに弾帯をして銃剣を吊り、そこにガスマスクや、弾倉や、緊急医療キット、一リットル入りの水筒、携帯用円匙を身に着け、靴はあのゴツイ半長靴で、走るのである。ヘルメットは、ライナーだったから、まだマシだったが、戦闘訓練では、ライナーの上から鉄帽をつける。それがまた、とてつもなく重いんだ。おれたちは鉄帽のことを「テッパチ」と呼んでいたものだ。

そうそう、あんな重いものを、何時も被っているわけじゃあないんですよ。鉄帽は、大抵は背嚢に括りつけられているものなのです。戦闘状況になったら何時も被っている強化プラスチックみたいなものでできている「ライナー」と呼ばれるヘルメットを被っている上から、テッパチ鉄帽を被るのです。テッパチは、とても重くて首が疲れるシロモノなんですよ。

ボクがいた間に、一人自殺して、一人事故死した。自殺はひた隠しだった。が、事故死の方は、二階級特進ということになり、大々的に駐屯地で葬儀が催された。オレは、儀仗隊に選ばれて、棺が安置されている部屋の前で、戦闘服と儀礼用の第一種制服との中間のような恰好で、立っていた。訓練から離れられて、少し楽ダッタ。弔銃は、三発ダッタ。虚空に向けて、空砲を撃ったのダッタ。虚しい響きだった。でも、ボクは助かったのですよ。だって、儀仗隊に加わっている間は、中隊の営内班から少しは離れられて、楽になるんですから。そう、それと警衛勤務の時も、これわかって貰えますかね。中隊の営内班から離れていられる気楽さ、というのを。

ただ、警衛勤務自体はタイヘンだった。24時間連続勤務で、あの駐屯地の正門入ってすぐ左の警衛所に、詰めているわけですから、けっこうシンドイかな。仮眠も半長靴はいたままで、戦闘服のままで、仮眠するんです。

夜間の歩哨というか、駐屯地の外周を、二人一組で、自動小銃持って銃剣吊って、警戒しながら一周して来るという任務があるのですが、ケッコウ大変でした。

「上番します」、と言って、二人で警戒に出発でした。一直とバッ直が、イチバン仮眠取り易くて良かったけれど、いつも、二直か三直か、だったなぁ。それか、バッ直の前。ツカレたなぁ。上番、下番、待機、休憩、を繰り返しつつ、24時間連続勤務するのである。ツカレた。そうそう警衛勤務のほかに、各中隊で、不寝番というのも別にあって、その時は、昼間、課業は普通にアルので、三直ぐらいが当たっちゃうと、たいへんだっ、その一日が。ただ、不寝番は、正規の戦闘服で装備してというわけではなく、確か半長靴ではなくてズックで、弾帯もしなくて良かったハズで、銃剣道用の木銃をもって、隊舎内を見回ったのでした。だから、その点では警衛勤務よりはヨカッタかな。

僕がいてた時の自衛隊は、自衛隊独自の用語があり、旧軍から引き続いている用語があり、なおかつ米軍さんの用語もあった。そして、非公式な兵隊用語まであったのだから、なかなか慣れるまで大変だった。例えば旧軍で言う「酒保」という言葉があり、公式には自衛隊用語の「購買」と言わなければならなかったのだが、一般には、なんと米軍さん風の「ＰＸピーエックス」というのが使われていた。ところが、我々兵隊の中では、そのＰＸを「ピーペケ」と呼んでいたのである。営内班では、もっぱら「ピーペケ」が使われていた。今はどうだろう。

例えば、「民間」という言葉も使われていた。軍隊以外の社会のことなんだが、これはひょっとしたら旧軍から引き継がれたものかもしれない。民間で灰皿のことを隊内ではエンカンと呼ばれていた。どんな漢字を書くのか忘れた。「煙缶」だったと、思うのだが、記憶が定かではない。でも、このエンカンは真っ先に覚えた。いつの世もペーペーがナニカ用事で呼ばれたら持っていかなければならないのは灰皿と決まっている。つまりエンカンだ。

こんなことは常識になっているが、階級呼称が独特の自衛隊用語であり、それは旧軍で言うとナニナニと言わなければ、かえって理解できないものだった。少尉のことを三尉と呼び、大尉のことは一尉と呼んでいた。そして、二等兵は二士なのであった。ところが、中隊を実質切り盛りする中隊付き准尉は、なんと旧軍でも自衛隊でも階級呼称としても職名としても、准尉なのだった。一尉の中隊長や二尉や三尉の副中隊長や小隊長よりも、中隊付き准尉が、もっともオソロシイのであった。この雰囲気分かってもらえるだろうか。たとえば、「鬼軍曹を束ねている親分」とでも、言うべきか。中隊事務室の一番奥の窓際の一番でかいデスクにドーンと鎮座ましましておられるのであった。中隊長室や幹部の部屋なんかよりも、中隊付き准尉のデスクの前が、我々兵隊にとっては最悪の場所なのであった。そこに呼ばれたことが一度だけあって本当に冷汗が出た。

営内班にいると中隊事務室で車両係陸曹か訓練係陸曹の助手をしていた士長が「江端二士、中隊付き准尉がお呼びである」と言われたのである。営内班に二人か三人いた士長（上等兵）たちが顔を見合わせている。「江端二士、何かやったのか？」と言われ、士長連中ですら不安がっている様子なのであった。僕は半分泣きそうな顔で中隊事務室に向かった。事務室の前で大声で「江端二士、入ります」と叫んで待った。「入れ」という声がしたので中隊事務室に入り、事務室にいる陸曹（下士官）連中や准尉に顔を合わせないようにして、虚空に向けて「江端二士、中隊付き准尉がお呼びということで、参りました」と申告した。

②とアル本山の出版部の編集助手

坊主たちの金のハナシを聴きながら、毎日ひたすらテープを起こししてた。境内の中に駐車場をこしらえたとか、境内に作った幼稚園が儲からんとか、言いながら、坊主たちの派閥争いが凄かった。

面白そうな取材は坊主たちがやって、テープの荒起こしは、アルバイトのボクがするのだから、毎日毎日、オープンリールの大きなテープレコーダーと格闘していた。やれども、やれども、いっかなテープが減らなかった。あのオープンリールのレバーは堅かった。だもんで、左肩がいつも、こっていた。

例のお北さん騒動の裁判の真っ最中だったから、廊下で誰かと立ち話するだけで、面白い話が飛び交っていた。大体、裁判の進捗状況が、全館放送で流れるのだから、ビックリした。

職場内のイヂメが一番すごかったのが、この職場である。仕事の手の遅い女性事務員を坊主たちがイジメ抜いていた。本山の前の噴水で、ホームレスのオッチャンが凍死したときの、ここの坊主どもの言い草が、余りにも酷く、差別的で、本当に反吐が出そうだった。そこまで、ホームレスのオッチャンらのことを、言うか、ホンマに。坊主よ、ナニ様のツモリや。エグいハナシばかりだった。

自分のお寺の方で葬式や法事ができたら、サッサと休んでしまうので、それが、ナンという休暇なのか知らないが、基本、お寺の住職か、その跡取り息子が、仕事として本山の事務仕事をしているわけだから、ジブンのお寺の方で法事があったら、すぐ休んで、帰っちゃうわけなんだ。どちらかというと、自分のお寺でのそういうコトの方が、優先というわけだったから、雑誌の締め切りに合わすために、むちゃくちゃな記事を作っていた部分もあったのでは、、、と言って過言ではない。

③室町の呉服問屋の丁稚

このころは、ホントに「丁稚」という言葉がまだあって、内々には使われていたものだ。扱いも、ソノトウリであった。一番下っ端の丁稚の仕事は、店の前の掃除と、神棚のある部屋の掃除と、庭の掃除と、食堂の掃除と、商品の配達だった。

配達が実に危なかった。新町通りや室町通りといった、細い通りを配達の車とトラックと、片手運転の自転車が、行き来していた。トラックに引っかけられて、自転車ごとひっくり返る、という事故を何度したかな。二度か三度かはしたと思う。左手で、風呂敷に包んだ反物を荷台に載っけて、右手でハンドルを持って、浮き伝票持って、新町、室町、四条から五条まで、あの辺を走り回っていた。ほとんどの店の丁稚がそうだった。自転車の片手運転禁止ナンテ、そんなことできやしない。地下室にロッカーがあって、そこで、着替えて、毎晩夜間大学に走っていった。無理がたたったのか、この時も、肺炎で何週間か入院したことがアッタなぁー。

④消火器の詰め替え

手が荒れてタイヘン。若干詐欺的なとこがあって、それについていけなかったら、スパッと馘を言い渡された。どういうことかというと、消火器の蓋を、しのミタイなモンで廻して、蓋とって、外液と内液、混ぜてみてみせるのだが、まだまだ十分泡立つ消火器を、泡立ってないとか言い募って、ナンダカンダ言って詰め替えてしまって、お金を請求する、ということだ。詐欺的押し売り、とでも言うべきか。そんなこと、えばっちは、できやしない。だって、実際十分泡立っていて、まだまだ、使えそうなんだから。バイクに、伝票と、内液と外液の粉と、蓋を回す「しの」持って、京都中走り回ったなぁー。

で、アンマリ稼げないで帰ってくると、店の方で、こいつはできないヤツダなとなったら、「もう来なくて良い」と言われるのである。しかし、今や、こういう商売の在り方が普通になってしまい、コレが詐欺的、というのが、分からなくなりかかっている今の時代が怖いと思う。おれが甘いのかな。

⑤京都簡易保険事務センター（ココで発狂した）

政府機関が障害者雇用水増ししたっていうんで、運動的に、国家公務員にさせろというウンドー展開なら、覚悟を決めることですな。

入った当初は、京都地方簡易保険局と呼ばれていた。いくつかやったシゴトの中で、唯一の公務員事務職だったが、それが結局、ここで発狂した。良くなかった。ここの労組の共産党ニッキョウさんと社会党ミンドウさんと当局の労務管理末端管理者とによって、三者共同の異質分子排除というわけで、結局、発狂させられた、と言っても過言ではない。だから、職場環境や社会環境のことを、強く言い続けている。だから、患者の方に発狂の原因を押し付けようとする、障害者の特性の方に虐めや労務管理のセキニンを押し付けようとする、苛められている方に原因を押し付けようとする、「発達特性論者」たちとは敵対的になるのは、当たり前なのである。もう少し、環境要因や、社会要因や、会社悪や社会悪など、『働かせられザマ』などを、シッカリ見た方が良い。

ところが、実際は、精神医や医療職・福祉職やライターとかいう連中のアマちゃんさ加減が、余りに酷く凄く、本当に、仕事場で、労働者、労務者がどう扱われているのか、ピンと来てはいない、というか、できないノダと、思う。

半年間の停職と、一年弱の入院とを含む、三年間にわたるグチヤグチャを経て、復職し、人事院の公平審までをも闘ったものの、結局は、末端管理者と近畿地方郵政局からの労担たちの現認体制で、おれの席がいつも十人ほどに囲まれているという職場だった。ソコに居続けられるはずもない。

話せばキリがないが、一緒の係にいてた人が、簡保の庁舎屋上から飛び降りた時の、あの時のことは忘れられない。その時の同じ係内の人たちや、担当の支部執行委員の言いぐさには、本当に腹が立った。ちなみにその執行委員はニッキョウさんだった。そうだ、実のことを言うと、面と向かって「キチガイ」と罵倒されたのは、職場でのコトであった。誰がやったと思いますか、みなさん。実は当局の末端管理者やミンドウさんではないんですよ。今でも忘れられない、ニッキョウさん党員の支部婦人部長さんが、廊下ですれ違いざまに、誰にも聞こえないような微妙な声高で、罵っていったのでした。なかなかのキョーレツな一撃だった。アアいうのは、本当に酷いね。そうそう、末端管理者の一人なぞは、ポケットからハンカチを取り出して、ボクの眼の前で、ヒラヒラと振って嫌がらせを続けていた。それを十人ほどの近畿郵政局の労担たちが囲んでいる囲みの一環としてやるんだから、ナント言うか、凄い職場ダッタ。

それでも、とにもかくにもあの停職処分から十五年間は、青年部が三月九日近くになると、ビラまきをしてくれていたようです。ありがたいことです。そして、この時のなかまたちが、今でも、やすらぎの里を支える会の会費を、毎月払い込んでくれているのです。ありがたいことです。

あの処分から三十年以上たちました。以下に記録として、保存しておきます。

「3・9　不当処分を忘れない！！

今からもう15年も前になってしまいますが、一人の青年部員が当局管理者の差別的な労務管理のもと、不当な処分をうけました。

威圧的な現任体制のもと、特定個人をねらった差別的監視が一日中行われ、あたかも処分を出したいがために挑発をしているかのような行為が管理者によって繰り返されました。

それに対して怒りをあらわした一青年部員の言動に対して出された六ヶ月の「停職処分」、それが『3・9不当処分』です。

この『3・9不当処分』は15年前に起こったものですが、それは過去のものとなっているのでしょうか。

この、人権を無視した処分の背景には、当局に屈服しない職員は職場から排除する、という当局の差別的労務管理体質にあります。

職員の声に耳を傾けることなく、管理者の主観的な判断だけで上意下達のもと、がんじがらめに私たちを管理してきています。

『お客様第一』を枕詞に、その職場で働く私たちのことは二の次にして、いったい何が本当のサービスを提供できるのでしょうか？

安心して働き続けられる職場があって初めてお客様にも本当のサービスを提供できるのではないでしょうか。

一体、事務机の上に同じ色のボールペンが2本置いてあることが何の支障になるというのでしょうか？

一日の始まりに嫌な思いをしてまで全体朝礼を続ける必要性はどこにあるのでしょうか？

ジーンズの色が一体どうしたというのでしょうか？

髪の毛の色は黒色でなくてはならないという差別的認識をどうにかしなくてはいけないのではないでしょうか。

そして何よりも、世間をだまし、私たち職員をもだまし、信頼を失墜させたあの事件のことはどうなるのでしょうか？

私たち職員に対して一言も説明がないままです。

そう、今も当局の差別的労務管理体制は何ら変わらず続いているのです。

私たちは、当局がこのような差別的労務管理体質を持っていることを忘れずに、また、こうした差別的労務管理を改めさせるために、断固団結のもと闘い続けなければなりません。

2002．3．8春闘連続朝ビラ

全逓京簡保支部青年部常任委員会」

⑥とあるチェーン店パン屋の下働き

職人さんたちに怒鳴られないように、シャカシャカと道具を洗っていかなければならなかった。手元に洗い上がりのバットやボウルなどがないと、職人さんたちは、すぐ機嫌がワルクなって、怒鳴られた。でも、焼損ないのパンを持って帰れたのは助かった、何か月やったのかな。あの白色のゴムの長靴をはいて、洗い場の前で、ひたすら、洗い続けた。洗っても洗っても、洗い物が減らないいんですよ。参ったなぁー。でも、あの一斤丸ごと持って帰れる焼損ないのパンが、今まで食べたパンの中で、イチバン美味いパンだった、今から思えば……。それで、何か月か生きられたんですから……。
そろそろクスリを飲み始めていたころのはずなのだが、余り記憶がない。なんでだろう。でもまぁ、さぁ、いよいよ隠れてクスリを飲みながらのおシゴト開始である。

⑦とあるお寺の寺男

昼食付一日行って三千円、でも、和尚さんも坊守さんも、おんなじテーブルで、おんなじものを食べさせてくれた。庭掃除、枝打ち、お寺のイベントの手伝い、穴掘り、溝掃除、なんでもやった。病院の外勤作業の一環だった。

通リハとか外勤作業とか、働かせるための福祉的医療的モロモロをこしらえるのはいいけれど、ジッサイそういうので働いてみると、これは、体のいい、障害者を低賃金労働させて、ヒトの嫌がることをさせようというコトなんですがね。実は、そう、寺男というのは「世間様が避けたがる」といったものに深く拘わるような側面があるのです。だから、和尚さんと寺男で、セットという、シーンが、有るような無いような……。意味わかりますかね？

まぁ、でも、ここの和尚さんたちとしては、お寺という場で、精神病患者さんの社会復帰に役立つのなら……、という気持ちが強かったと思う。そこは、思いに邪さが無いだけ、マシダツタとは思うが。だからたまに、本堂で座禅を組ませてくれたこともあった。実務としては、なかなかに、寺男というのはタイヘンなナンデモ屋で、タイヘンでしたよ。穴掘り系がキツかったかな。それと、竹林の管理がね。お寺のイベントというか、その準備作業というのは、本当にイロイロあるので、ケッコウ忙しかった。しかも、和尚さんは単発で仕事を言いつけるものだから、今やっていることがお寺のイベント準備なのか、土建的なものなのか、庭師的なものなのか、よくわからないままやっていたので、後から考えれば、ずいぶんとチグハグなシゴトぶりだっかもしれないなぁー。

入院中の外勤作業だったんですから、クスリを隠れて飲む必要はなかったはずなのに、庭での作業中に飲んでいましたね。

⑧コンポステレオ組立工場

ラインの流れが速すぎて、ついて行くのが、やっとだった。このライン工場は、残業もあって、とにかくタイヘンだった。作業にやっと慣れたと思ったら、ラインの速度を上げるンだよね。

ラインの真ん中に天井から電光掲示板が下がってて、完成台数が、刻々と出るもんで、気が気ではなかった。目標台数が上の段に出ていて、その下に完成台数が出る。アレは、オソロシイもんだね。昼休みに見上げて、あらあら半分近くに達していなかったら、こりゃマズイなと、思ってしまうんだよね。やっと慣れてきて、完成台数を毎日クリアーしているとホッとするんだが、いつしか目標台数の方が増やされていて、ラインの速度が上がっている、というわけなんだ。しかも、朝八時に、ラインマネージャーがスタートボタンを押したら最後、そのラインにこき使われる、という、まさにラインの一工程の一部品のようなシゴトでした。一度は、経験すべきシゴトですよ。ラインの組立工場というのは。

残業の時は、残業時の目標台数が出るので、必死にシゴトしたよ、ほんと。確か、残業の時は、菓子パンが一個ずつ配給されたな。そして、残業の時の目標台数が、新たに天井に光り輝くのダッタ。目標台数に到達しないと残業は終わらない、というわけだった。

何度か、下痢気味の時があって、その時は、おうじょうした。機械に合わせて仕事するとは、どういうことか、オモイシッタ。ラインの製造工場には、一度行ってみるものだと思う。

クスリは休憩時間中の便所で、飲んでいた。「便所グスリ」である。確かこんなキーサン用語無かったかな……？　隠れて便所で精神のクスリ飲むことの隠語ミタイに「便所グスリ」なんて言ってなかったっけか、忘れちゃったな……。

⑨プラスチック工場

埃と騒音と熱がタイヘンで、単純作業の繰り返しで、リサイクル産業の実際は、すさまじい労働だと、知った。

ペットボトルを細かく砕いたモノが、セメント袋のようなものにいっぱい詰まっているのが、山のように積み上げられている。それを一つずつ肩にかついで運んで行って、袋の口を開けて、床に開いた口から、下の階のプールのようなところに、落とし込んでいくのである。ただ、それだけを、延々と、毎日毎日、続けるのである。プールから先は、自動化されているようだった。だから、この工程も自動化されたら、この仕事は、無くなるのは、目に見えていた。

そういう仕事もアルというコトだ。本当に埃と騒音と熱は、酷かった。

クスリは、仕事の合間に、あの埃っぽい中大急ぎで飲み下していた。便所グスリもやった。

⑩森林組合の現場労務者

ホントタイヘン。夏草の一番刈、二番刈、雪おこし用の縄のボッカ、枝打ち、除伐、間伐、危ない作業だった。カンカン照りの中、ヘルメット被って、刈払機での夏草刈りというのは、本当に過酷だった。刈払機のエンジン熱をもって、熱いなんてものじゃナカッタ。ガソリン入れるときにしくじって、一台爆発させてシマッタ。危ないんだよね、機械止めないで、ガソリン入れちゃうから。ちょっとした小さな爆発でした。怪我しなかったのが幸いだった。

枝打ちは、あの高さまで、地下足袋装着の爪とベルトのロープで登っていく、小型チェーンソーをたすき掛けして登っていく……怖い仕事だった。刈払機と、チェーンソーの事故も、何回か見たが、壮絶だった。林業での事故は、凄まじいモノです。チェーンソーで手を切った場面を見たけれど、アレは、酷かった。血だけじゃなく肉片も飛び散って、ソコラじゅう血だらけになった。刈払機では、あの事故は、本当にもうちょっとで、腕が切断されていただろうと思う。鉈の事故もあった。鉈で斬ると、ソレは切るというより、ドンときてパックリと皮膚が割れて、血が噴き出すという感じで、それも、恐ろしい怪我に繋がっていました。

おっちゃんらの鉈の研ぎ方も凄いもので、鉈を研ぐのに、二時間も三時間もかけて、研いでいましたね。切れモノを使う人は、研ぎ方も、凄いです。教えても

らったけれど、ボクは、なかなか上手く研げなかったなぁ。

　そう、それで、ここのオッサンらの喧嘩は、鉈が出た。しかも、仕事が終わったら、帰りの車の中で、一升瓶が積んであって、それラッパ飲みしながら喧嘩が始まった、スズメバチとマムシは、日常茶飯事、クマにも出会ったことがある。

　奥越地帯でのこの仕事、季節労働、ということです。豪雪地帯ですから、ツマリ冬場は失業するということなんです。大体、四月から十一月までの労働ですから。季節労働というのもタイヘンですよ。冬場はシゴトが無くなっちゃうんだから、本当に。

　そうそう、ムカシは、親方の名前で、小林組とか大林組といった単位でシゴトをしていたのですが、ココも近代化の波に洗われたのか、「組」という名称ではなく「労務班」という名目になったようでした。親方のことは、班長と呼び、小林班とか大林班とかいう呼び名にせよとなって、スグのようだったようで、親方たちが、ブゥブゥ言うてました。結局おっちゃんらは「組」と、呼び続けていました。ボクたちも、親方だの組だのと、言うてましたタ。

　クスリは、離れてシゴトしているもんで、谷間に入った時や、目立たない場所で刈払機を振っているときに、急いで飲み下していた。水筒は、いつも腰にぶら下げていたから、ヨカッタ。

⑪某建設会社のアルバイトという名目の実は、立ちんぼで発掘現場

ユンボーやらブルトーザーやらが置いてあるトコで、朝まだ暗いうちから、ドラム缶に廃材を突っ込んで、ボウボウ火を焚いて暖を取って、立って待っているんですよ。すると、手配師のおっちゃんらが、近づいてきて、ぼくは、「あんちゃん、まだ若そうやし、工事現場やのうて発掘現場にまわしたろ」と言われて、発掘現場の飯場へ連れていかれた。飯場のおっちゃんらの喧嘩が大変。それと、ツルハシの担当が大変。ヤサしい刷毛ばっか持ってたら、おっちゃんらに睨まれるから、自主的にツルハシやら剣ズコやらを取りにいかないとアカン……若いのは。

　飯場は二階建てのプレハブで、一階が現場の作業員(労務者)、二階は先生たちだった。ほんとに、上下に別れていた。考古学のセンセイやら遺物やらは二階で、下に、15、6人ほどの労務者である。労働者とは言わない、労務者でアッタ。

ここのおっちゃんらに、ドヤ生活というものを実地で教えてもらった。というか、見せてもらったというか。仕事終わって帰ってきたら、あの小さな窓口に向かって一列に並ぶのである。黙々と並ぶのである。あの窓口のおばちゃんは無愛想なのであった。

みんな会社に借金をこしらえていたので、窓口でも貰えるお金なんて、こずかい程度でしたよ。1500円から3000円くらいの間かな。一万円から7500円位のシゴトしていて、なんでソレだけしかもらえないかと言うと、ソコが立ちんぼのドヤ生活の恐ろしさと言うか、仕組みなんですよ、どう、説明したらよいのかな。誰か、うまいこと、このドヤという、ほんまもんの直接的な詐欺的搾取の仕組み、簡単に、説明してくれませんかね。

とにかく雨が降って仕事が休みでも、ドヤ代は取られるのですから……。あの当時で、三畳ぐらいのドヤで、風呂に入って、夕食朝食代、飯場での弁当代なんかは、入っていたか、別料金だったか、それに、電気代やクーラー代なども別にとられていたのかな。併せて毎日三千円から四千円くらいじゃなかったやろか。そうすると、お盆やお正月、怪我や病気や雨なんかで仕事ができなかったとしても、毎日の三千円から四千円位のドヤ代はかかるわけだから、それで、会社に借金ができていく、というコトになってしまう。おっちゃんらが、一日八千円、九千円、一万円の仕事をしてきても、窓口では二千円ぐらいしか渡してもらえない仕組みが、分かりますかね。

でも、これでも、まだマシな方みたいだったんですよ。おっちゃんらから、アソコは酷かったという話を聞いていたけれど、それはそれは、本当に、タコ部屋というか、奴隷小屋の見張りがやくざで、逃げ出そうとしたヤロウが、殺されたんじゃなかろうか、というハナシだったんですから。そういったトコロを脱走してきた、というようなオッチャンらのようでした。

そういったわけで、飯場での喧嘩は、タイヘンでした。二階の考古学センセイたちは、モチロン我関せずでしたね。この上下というか、二階と一階の関係というかも、ナカナカにオモシロイものがありました。本当に中卒のオッチャンらと、大学出のセンセイ様たちは、階級というか階層というか、文化というか、本当にチガッてた。ジッサイに一階と二階のチガイというわけだった。巨大ライン工場でも感じたことだが、世の中は、本当に労務者階層とホワイトカラー階層は別物だ、というコトが、実感できました。

飯場の便所で、便所グスリを決めてました。プレハブの酷い便所だった。

⑫自動販売機組立工場の派遣労働者

派遣と正規雇用の労働者と、ホワイトカラーの差が激しすぎて、本当にびっくりした。見た目でスグわかってしまうのです。なんといっても、派遣はねずみ色の作業着、マツショルのホンチャン労働者はブルーの作業着、そして、管理職は、白のカッターシャツにネクタイなのであった。自動販売機工場とエアコン組立工場で随分雰囲気がチガッタなぁー。昼休みが壮観であった。ラインが止まった巨大工場から一斉に労働者が吐き出されて、食堂に大移動を開始するのである。

なんといっても、ラインだから、便所にも行けん。あの大型の自販機をラインで組み立てるんだから、動いているラインをまたいだり、乗ったりしての作業、危険だった。アスベスト作業まであったんだ。エアードライバーの騒音は凄まじかった。

ラインのどの工程に配置されるかで、運命が毎日変わる。なんといっても派遣なので、ホンチャン労働者の休みの穴埋めに使われるから、毎日、担当する場所が変わる。だから、派遣の事務所から八時ぎりぎりにタイヘンな電話やらナンヤラの騒動の後、持ち場が決まって、現場の工場の担当の工程のトコロまで、走って行った。

それと、アスベスト作業は、本チャン労働者ではなく、我々派遣の担当でした。そう、それに、必ず同じ人がずっとやらないで、二回か三回で、必ず交代していたような気がします。眼鏡とマスクは、支給されましたが、とにかく、一日シゴトすると肌が、チクチクするんです。ちょっと、これ、ヤバイかも、と思いました。アスベストだとハッキリ言われたわけではなかったですが、アレが、そうなんだと、思いましたよ。だって、眼鏡とマスクが、支給されていた唯一の工程でしたからね。えばっちも、二回か三回入りました。嫌だったです。

そうだ、エアードライバーを使う工程では、耳栓が支給されていたなぁ。一人一個、失くしたら、自前で買って来なくちゃならなかった。でも、結局は、しなかったんですよ。前の工程やら後ろの工程の人たちと叫びながらの連絡も、アリマシタからね。

ココでも、昼食時間中の便所グスリをやっていたわけです。

⑬重度心身障害者のみなさんの通所援護事業所での介護

六年やらしてもらえた、唯一のとてもよかった仕事だったが、腰と膝を悪くした。自分のクスリと病状で、介護している人への責任が持てなくなると思い、自主的に辞めた。この時は、本当に惜しまれて辞めたよ。

勤めていた時は、病気のことは一切言わなかった。ツマリ隠して、隠し続けて勤めていたわけです。クスリは、どうしたかって？　モチロン、隠れて飲んでいたんですよ、便所でね。だから、お泊まりイベントの時が、実にツラかったかな。旅行の時とか、お泊り会の時の介助は、実は、ツライものだった。とっても、愉しかったのではあるが、眠剤の飲むタイミングを間違えると、タイヘンだった。

月水か月火の二日間が基本だが、それ以外に月一度の木曜のミーティングや、土日祝日のイベントや、旅行にもよく行った。タイヘンだったが、愉しかった。あの面々での一泊二日の旅行と、初期のころの「ヤッほーフェスティバル」の準備は、愉しくも、しんどくも、素晴らしくもアッタ。あの催しは、凄かった。いい思い出ですね。一人ひとりの顔と名前と共に、たくさんの思い出がある。素晴らしい思い出がある。唯一の、唯一の良かった、やれてよかったと思えるシゴトであった。

しかも、さらに、有難い事は、まさにココでココで、感得させてもろうたことが、アルのですよ。ツマリ、「障害」が違えば、「家族」との関係、「医療」との関係、「スタッフ」との関係も、「制度的」要求の在り様も仕方も、「政策的」方向も意味づけも意味合いも、また、我々【キチガイ】と、『重度心身障害者』のみなさんとで、チガッて当たり前だ、というコトを実地で、感じさせてもらった。チガウべきである、とも思った。

そうだから、【キチガイ】の側の精神病院に対する思いや、家族会に対する思いと『重度心身障害者』のみなさんとが、一緒になるわけは、無いのである。チガイがあって当たり前だと思ったのである。逆に言えば、例えば、『精神障害者の家族会』のめざすものと、『重度心身障害者の家族会』がめざすものとか、一致するわけはないのである。してはならないのである。だって、障害がチガウのだから。『精神障害者』の当事者会と家族会の関係性と、『重度心身障害者』のソレとも、同じになるわけはないのである。同じであるという側面ももちろん、アルのはあった。でも、チガウのだ、というこの点が、本当に、ジッサイのセーカツの中での、腑に落ちたのである。

だから、その点でも、「自立支援法」には、反対である。「障害者」とひとくくりにでき得ない、それぞれのモンダイや課題、苦しみや哄笑をかかえているのだから。

そう、だから、我々キーサン患者会の叫びが、如何に的を突いていたものだったかは、まさに、まさに、まったく別の障害で生き、笑い、喜び、泣き、苦しんでいる皆さんとの地に足の着いたセーカツの中で、えばっちが、感得させてもらったモノだったのである。だから、まさにココだけが、えばっちの賃金を貰うという職歴の中で、唯一感謝している職場なのである。ただし、けっこう肉体的にはキツかった。結果的には、腰と膝は、ケッコウ古傷にナッテシマッタと思う。以前の肉体労働の古傷と共に。

そして、実は、ここに勤めている間に、三回目の入院を経験した。よくバレなかったものだと思ったが、どうも、この時に、施設長は、ピンときたようやね。後で聞きました。退職してから十年経ってから、初めて、再度交流に訪れて、最初に聞いたことは、えばっちが、精神病患者と気づいたのは何時だったのか、という質問でした。

「当事者スタッフ」という問題意識も、実に、ココで深まったと言える。ココでのゲンジツで、ホントに思った。基本「当事者スタッフ」反対です。季刊誌『福祉労動』１６０号に書かせていただきました。ご覧になっていただけるとありがたいです。

それと、スタッフ間の軋轢、スタッフと親御さんとの軋轢、のモンダイもありました。それが大変なコトになっちゃって。忘れられないのです。ジツは福祉の現場では大事なコトを示唆しているのですが、これは普遍性のあるモンダイと思っているのですが、なかなか描けません。どう書けばよいのか。そして、ここでのなかまの一人ひとりのみなさんとの思い出も、たくさんあるのだけれど、それは、また、別稿で書きたいと、思います。ココでは、まぁ、エバッチの労働ゲンバの簡単な怨念紹介ということ、ですから、ココまででご勘弁のほどを。

例によって例のごとく、ココでも、便所グスリでした。でも、同じ便所グスリしてても、気持ちは楽だった。

⑭とある作業所で茶団子の箱折り

毎日あんなことしてたら、病気悪くなるに決まっていると、思った。本当に茶団子の箱折をしているんですから。みんな、黙々と押し黙ったマンマね。そんな中で、所長、職員、作業リーダー役通所者、一般通所者という階層が、シッカリとありました。所長は独裁的なところがありました。だって、所長だけが四十代後半か五十代、後は、全て二十代から三十代といったところでした。嫌なものですよ……。そして、近所の診療所と、完全一体化していました。タマラナいトコロでしたよ、本当に。

ちなみに1日しかもたなかった、いくつか仕事をしたなかで最短退職記録が、福祉的就労というのが、笑えると言うか、ナサケナイと言うか。

こうして、ボクの高校卒業後一八歳から四一歳までの一四ヵ所になる労働は、終わッタンデス。それで、生活保護で暮らすようになって再入院はしていません。今のところは。これまでは、五回も入院しんですが。

こうしてみると、ボクの仕事歴なんて、ほんとはたいしたことはないんです。こんな程度のモンなんです。「友の会」のなかまたちの中には、本当に想像を絶するシゴトを体験しているよ。ホントだよ。なかまの何人かは、十全会病院と釜ヶ崎を行ったり来たりしてたんだから。

発達障害者が、発達障害減薬原理主義者たちが、クスリゼロにして就職できましたなんてことを大宣伝しているけれど、今度も、政府機関や教育機関に高機能性社会復帰をさせろと息まき出すだろうが、そんなものは、一部の障害者エリートかそもそも、病者でも発達障害者でもないいんじゃないか。ソレを精神病患者のあり得べき姿として見せようというのは、ムリがアルと、思うよ。

だから『誤診誤処方被害者であるところの健常者か健病者かハッタツ障害者たちの減薬・断薬と社会復帰への取り組み』と、ハッキリと言ったら良かったんだけれど。

惜しい事だった。すり替えられてシマッタ

苦労して、這いずるようにして、「前進友の会」の第一世代の病者たちから延々と続く、病者の生き様、死に様が、死人と共に、再入院と共に、病状の悪化と共に、「生保や年金の診断書は書かへんで」、「働かないと退院させへんで」という、精神医どもと世間様からの嫌がらせと脅しに対して、キーサンのセーカツの底の底から、キーサンの生命の底で居直る生き様から這いずるように生み出されたモノなんですよ。

「働かない権利」と「反社会復帰」とは。

この現代ニホン社会で、その意味、わかりますかね？

それを、発達障害がダイナシにしようとしているんですよ。そして、今次の「障害者雇用水増し事件」が我々キチガイを塗炭の苦しみに追い込むでしょうね。「生活保護」の六年連続の減額とともに、「障害年金」の級下げ取り上げとともに。

「働かない権利」を！

「反社会復帰」を！！

第十六章　患者会列伝

凄かつた、とにかくとにかく凄かつた

全国に、地を這うように70年代から80年代にかけて、精神病患者同志の支えあいと助け合いとレクと食事会とたまり場から澎湃として沸き起こり活動を続け、ありとあらゆる試みをしていた。そういったなかで、自然なカタチで現在のいうトコロの『オルタナティヴ』や『オープンダイアローグ』『ラップ』『当事者研究』等々をみんなで実際に試行錯誤しながらいつの間にか日々の暮らしの中で、ヤッていたと思う。試みていたと想う。もちろんアンなに『洗練』はされてなかったけれどね、90年代に少しづつ減っていき、そして大方は21世紀には、消えていた。

今後の作業所患者自治会をめざしていくときに、先輩病者たちの生き様は、スッゴクスッゴく参考というか、見習っていきたいと想うのです。

愛媛松山の【ごかい】

言わずと知れた「わしらの街じゃあ」「天上天下病者反撃」のキーサン患者会の親分である。キーサン患者会、地を這う患者会の希望の星であった。解散してしまい、ツラく哀しい、ショックである。カチコミの時含めて本当に何度も泊まらせてもらって、交流が深かった。ココの食事会は３００円食堂と言って、カレーが美味しかったなぁぁー。独特のムカシながらの味だった。

京都伏見の我が【前進友の会】

１９７６年に十全会病院を脱走した病者、命からがら退院した患者、アルバイトスタッフだった学生たちで、山科の日ノ岡荘の一室で結成した。初期のころは学生部隊の反十全会闘争と多彩なレクに特徴があった。85年に立ち上げ88年に認可された、患者会が設立母体で運営主体であるやすらぎの里共同作業所も運営している。ウチの食事会も凄いですよ。毎週火曜金曜です。「前進友の会えばっち」というフェイスブックに必ずメニュー写真上げています。一度食事会に交流

に来てください。

静岡藤枝の【藤枝友の会】
地元の精神病院内の患者自治会から発展して地域患者会として作業所に変化も拒否し、徹底して会員の会費だけでたまり場を維持し続けている類まれな患者会である。何度も泊まらせてもらって、よく駅前のカラオケにみんなで行ったなぁー、丼ものの駿河親子は絶品だった。もう一度食べたいなぁぁぁー。

神戸の【ニューカトレア会】
阪神三人衆と言われたカチコミの親分たちと、一緒によくハナシをした。前進友の会にイチバン泊まりに来られたのではないかな。懐かしい。

博多の【福岡わらびの会】
わらび家と云う作業所を運営している。現在に至っても手書きの会報を発行し続けている凄いトコロである。泊まらしてもらったときにみんなで食べた手作りの博多水炊きはサイコーだった。もう一度食べたいなぁぁぁーー。

東京亀戸の【新松橋亭】
「しんまつ」と親しみを込めて呼んでいた。東京の下町で、「天上天下病者反撃」を読んで感動して作ったのだとのことで、クボタクリニック脱藩組の支援者たちもナカナカの人物で、、悠遊舎、悠歩舎と云う作業所を運営しつつ、しんまつを支える会を構成している。よく泊まらしてもらった。ココの食事会のメニューも凝っていて、美味しかったなぁーー。

大阪高槻の【灯会】
言わずと知れた精神病患者会の老舗中の老舗、光愛病院から出発し俳句を作り続けている。

堺の【ガンバロー会】
全国各地にあった精神病院内の患者自治会出身の会である。このころは、浅香山病院、岩倉病院、光愛病院、駒ヶ根病院、陽和病院等々の全開放をめざした病院には、もれなく入院患者自治会があったものである。院内で喫茶店などを運営していた。

住吉の【旅立ちグループ】松江の【つぼみ会】【麦の会】山形の【こまくさ会】飯田の【プチノマド】松本の【ひなたぼっこの家】今作業所に為ったのかな、また行ってみたいなぁーー。**広島の【モスク】**南座を惜しむ好き者の会の頭文字をとったそうである。ビックリするよね。**【ほいじゃけん】**もあったなぁぁ。**名古屋の【雑草会】**病者集団の故大野萌子氏のお膝元で、独自にガンバッていたなぁーー。スゴい事ダッタ、イロイロアッタだろうと想う。**清瀬の【一寸五分の会】**

ここの会報は毎回すっごく面白いものだった。**岡山の【すばる】**確か、ドキュメンタリー映画「キチガイの一日」の主人公がおられた会と思う。**鹿児島の【わかち会】土佐の【西風の会】**牧師さん中心の会だった。**北海道の【すみれ会】**回復者クラブと自称し始めた最初だと思う。道回連も名乗っていたかも。その後セルフヘルプグループだのマインドだのと、イロイロな名乗りがうまれたが、その後どうなったのだろうか。但しココは、セーカツの匂いはとてもしていたと想う。交流してみたいなぁ。**東京の【友の会】**患者会の元祖かもしれない。伝説化していました。**富山の【ルナの会】福井の【らばの会】**いや**【ろばの会】**だったか記憶が定かではない。少し交流がアッタのだが、、、

キリスト教系を前面に打ち出した**【心の泉会】**各地の教会に集う月一くらいのたまり場をたくさん網羅していたので、考えてみれば、ココこそがある種実質的な全国的連合体だったかもしれない、と想います。**全国「精神病」者集団の名古屋分会【ゼロの会】**食事会の味を忘れてしまった、いたたまれないコトもあった。**京都分会【ひまわりの会】**喫茶店で例会をしていた。全精連の県連としてあった**【松ぼっくりの会】**ココは本当に患者会としてのセーカツの実質があって、愉しく交流できていた。全精連とは独立した立場の**【兵精連】**全精連系の活動家が名乗る前に勝手に名乗ってしまおうと云うノリであった。**【大精連ぼちぼちクラブ】**「病」者集団とも全精連とも独立した第三の制度政策提言路線ダツタと思う。**【八王子赤堀さんと共に闘う会】**「赤堀さんと共に」の会は、各地にあったはずで、中には、八王子のように患者会に為っていった会もアッタと想う、その後作業所にもなっていくが、一軒屋時代ホンと愉しくて何度も何度も泊まりに行ったなぁぁぁーー。

※第十六章　患者会列伝　初出
　六花出版「精神障害者問題資料集成戦後編
　第10巻患者会運動」

最終章　ニホンの精神医療をドウやって変えるのか

えばっちの想う具体的で実践可能なゲンジツ的六つの提起

ずっと、そうずっと、コウ言ってきたんですよ。「患者会はモンダイを提示し暴くために来たんや、モンダイの解決は、精神医療と精神福祉で世過ぎ身過ぎしてる専門職やぁ言うてるヒト等でやったらどうや」とね、コレで通してきました。ソレだけではアカンと思うようになりました。ヤッパリえばっちの思うところをチャンと、言うておこうと思うようになりました。提起しようとする中身がなかったわけではなかったですから、意見チガウところもあるでしょうが、ずぅぅぅーーっとえばっちが考えてた、ホン気で日本の精神医療を変えようと思うならコレや、ということを率直に述べさせてください。皆さんのご意見をお伺いしたいです、よろしくお願いいたします。

次ページの五角形が、えばっちが思う、今現在のニホンの精神医療を変えるための具体的な、何時でもやろうと思えば、やる気さえあればでき得る六点の方策というか提起ですが、みなさん、は、ドウ思われましょうか、、やってみませんか。

①作業所にグループホームにデェイケアに患者自治会や利用者自治会をめざしてみませんか

患者自治会で、利用者自治会で、なかまのことを大切に思って、支え合って助け合って、生きていきませんか、支える側支えられる側を固定せずに、助け【合って】支え【合って】、生き抜いていきませんか、そうしないと、世間様に家族にムラにマチにガクエンにカイシャにアッという間につぶされちゃうんですよ、閉じ込められちゃうんですよ、コロされちゃうんですよ、でもナニもムズカシいコトをヤロウと言っているわけでもないんです。まずは、食事会とレクからですよ、みんなで集まって美味しいものを鱈腹食べて、クダラ

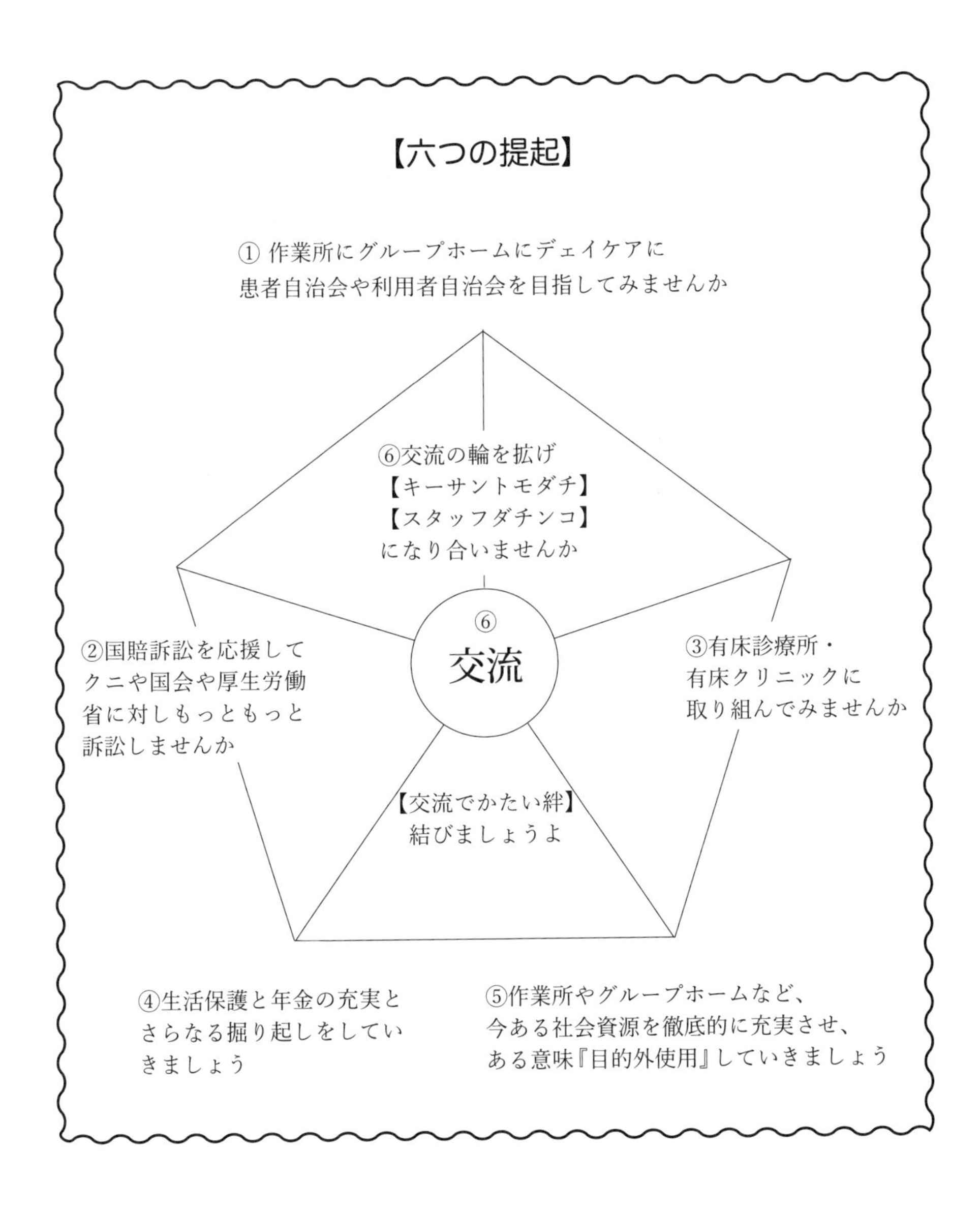
【六つの提起】
① 作業所にグループホームにデェイケアに
患者自治会や利用者自治会を目指してみませんか
⑥交流の輪を拡げ
【キーサントモダチ】
【スタッフダチンコ】
になり合いませんか
⑥
交流
②国賠訴訟を応援して
クニや国会や厚生労働
省に対しもっともっと
訴訟しませんか
③有床診療所・
有床クリニックに
取り組んでみませんか
【交流でかたい絆】
結びましょうよ
④生活保護と年金の充実と
さらなる掘り起しをしてい
きましょう
⑤作業所やグループホームなど、
今ある社会資源を徹底的に充実させ、
ある意味『目的外使用』していきましょう

ナイことをワァワァ言って、ゲラゲラ笑って、愉しく過ごしましょう、よ。食事会とレク、マズは、ソコからです。なかまを大切に想いましょう。セーカツですセーカツですよ。なかまとともにセーカツじゃないですか。患者自治会でなかまとともにセーカツしていたら、ナニかナニか見えてくると思うんですよね、、病者の方にもスタッフの方にも、だからね、スタッフ側と通所者患者側との共同作業なんですよ、、双方の間の【生きがいの格差】を埋めていく唯一の手段なんですよ、、それをもれなく全国のすべての作業所に患者自治会をめざしましょうよ、だいたいね、労働者のいない労働運動ナンて、あり得ますか。あり得ないでしょう。精神病者のいない精神医療改革運動なんて、あり得ないと、えばっちは思うんですよ。

②国賠訴訟を応援してクニや国会や厚生労働省に対しもっともっと訴訟しませんか

ツイに出たんですよね、国賠訴訟が。ずーーっと思ってたんですよね、、『制度政策提言路線』結局アリバイ作りかアリバイにスラなってないと、だってナントカ検討委員会、ナニナニ分科会に出たとしても、言わされるだけ言わされて、ナニも変わらない。むしろ出席者が偉くなったようにカンチガいさせられながら『取り込まれていく』ように思うんですよね、、そしたら、ついについに出たんですよね、国賠訴訟が。ソウです訴えましょうよ、、無理やり精神病院に何十年も入れられたし、電パチかけられたし、手足括られたし、保護室入れられて、山のようなクスリ盛られたんですよ、、とにかく人生を失わされるトコロだったんです。イヤ、コロされるトコロだったんです。ソレをずーーっーっと続けられてきたんですよ、、、イマもですよ、、怒りをもって訴えましょうよ、、訴えることを決断しはった大センパイ病者を尊敬しています。訴訟を支援している皆さん、凄いンですよ、凄いですよ、尊敬しています。みんなで応援しましょうよ、、そしてそして、もっともっと、もっと徹底的に訴えましょうよ、クニやヤクニンやギインさんたちをね、イシャやビョウインや、カゾクも、訴えたいなぁぁーー怒りをもって訴えましょう、、訴訟かけましょう。

③有床診療所・有床クリニックに取り組んでみませんか

医療従事者の皆さん、特にこれからクリニックを開こうとしている精神医の皆さん、今現行の制度で、クリニックに診療所に十九床までならベッド持てるんですよ、、ヤレルんですよ、、グアいワルうなっても二週間か一か月も在れば『戻ってこれる』病者たくさんいますよ、、ジブンのトコロで入院加療できるじゃありませんか、、アンなヒドい精神病院に後送しなくていいじゃありませんか、そりゃあーヤルのはタイヘンですよ、確かにタイヘン、でも、できるんだからヤリましょうよ、、、そしてそれは、、精神だけのモンダイじゃナインですよ、もしかしたら、産科、老人科、腫瘍科、ターミナル医療、有床診療所が、ニホンの医療全体を変えるかもシレマセンよ、、実際に取り組んでいる方がたを尊敬して見習いましょうよ、、できますよできます。

④生活保護と年金の充実とさらなる掘り起しをしていきましょう

オカネ、、病者に直接落ちてくるオカネ、、、生活保護と年金が取れるんです。外でセーカツできることを、病院の外で十分セーカツできることを、ドンドン伝えてくださいよ、、そして、ドンドン精神病者に障害年金を生活保護を取ってくるんです、、、ドンドン、ガンガン、取っていきましょう、生活保護を、まだまだ知らない病者多いですよ、ガンガン生活保護とって、外で暮らせるんだと、変わりますよ、変わります。ラクになれるんだシンパイするなと言えるんですよ。クルしいツラい病者に『働かない権利』に立とうと言いましょうよ。『精神病者は戦争にも生産にも役に立たん存在ダ』と、言いましょうよ。ソコにしっかりと誇りをもって立つためには、なかまとして集まって生活保護、年金取得することじゃないですかね、だからこそ、それでね、『専門職能性』の中で最もセーカツに密着しているのは、カネを直接に病者に取ってこれる外に出て行くPSWじゃないかとえばっちは思うんです。しかも、精神ダケのモンダイではありませんからね。幅広いモンダイに繋がって行けるんじゃありませんか、、だからこそ、徹底的に生活保護の裁判している皆さんを尊敬しています。

⑤作業所やグループホームなど、今ある社会資源を徹底的に充実させ、ある意味【目的外使用】していきましょう

イマある作業所やグループホーム、全国にドレだけあるんでしょうね、相当アルハズですよ。今現在の制度で運用可能で予算もついているんですよ、、ソレを

『起業家企業家貧困ビジネス』に横取りや、乗っ取られないようにしなきゃ、『企業家株式会社のあくどい銭儲け』に乗っ取られてたまるもんか、せめて自治会が、ソコにありそうなら、そして、ソウ、まさに、患者自治会をめざしながら、作業所をグループホームを実質『患者会』にも『たまりば』にも『子供食堂大人食堂』にも『退院促進拠点』にも『人権監視拠点』にも『裁判支援拠点』にも『学習拠点』にも『シェルター』にだって、積極的に【目的外使用】していったらいいんですよ、、できますよできるんです。しかも全国にたくさん現実としてあり、もう予算もついているんですから、、実質実際に【目的外使用】ヤツテるトコロいっぱいありますよ、くふうですよ、オモシロく工夫してヤリましょうよ、しかも、ソコには一人ではない。とにかく行けば自動的になかまがいるトコロナンです、孤立をまず避けらレルトコロなのです、ありがたいです。それでね①と⑤は、相互に繋がっているんですよね。①⇩⑤なのか⑤⇩①なのか、とにかくやってみましょうよ、、そして【目的外使用】を徹底して追求実践していく過程こそが『起業家企業家株式会社のあくどい銭儲け』に対比する意味合いに於いて真の【目的内使用】に到達するのではないかと、、思うのです。

⑥交流の輪を拡げ【キーサントモダチ】【スタッフダチンコ】になり合いませんか【交流でかたい絆】結びましょうよ

一人じゃないんですよ、一つの団体じゃないんですよ、なかまがいるんですよ、、交流のなかまを大切に想いましょう、ナンぞの折には助け合いましょう。そして、新しい展開も見えやすくなってきますよ、、①点目から⑤点目まで実際にやっているトコがヤロウとしているトコが交流に来ている【広場】ナンです、だからこそ、ホンとに実感を持って、ヤレるヤレソウなことが、アリますよ。【キーサントモダチ】【スタッフダチンコ】になり合いましょうよ、、結局この交流の輪こそが、、日本の精神医療変えると思いますよ。【①から⑤までのキーサントモダチスタッフダチンコの輪】がニホンの精神医療を変えるんですよ、、明日から、、いつもの場所で、セーカツに根付いたヤレルコトから始めたらイイんですから、、日々のそれぞれのセーカツの場でこそ、精神医療を変える場でないといけないと思うんです。

そしてね、、そして、、、、、

『あくまでキーサン革命の鬼　えばっち』って

結局は、コウ思うのです。最終的にニホンの精神医療を変えるのは、他でもない、結局は、第一義は、『精神病者自身が、なかまたちのことを大切に思い、セーカツしていくコトだと。なかまとともに支え合って生き、助け合って生き延び、街に居座りムラに居座り、食事会とレクで美味しいものを鱈腹食べ、クダラナイことをワァワァ喋りながらゲラゲラ笑って、ケンカだってもしながらも、キーサントモダチ・スタッフダチンコになり合って、、愉しく生きていく』、そのことにしか、ないのではなかろうかと、、だからこそ、コウ訴えたいのです、、『作業所やグループホームやデェイケアやサロンに、患者自治会をめざしてみませんか』と。

　この本をできるだけ多くの皆さんに手に取っていただけないかと思うのです。そして、本当に、この本を持って、患者自治会を一緒にヤッてみませんか、と声をかけて回りたい。行きたいなぁぁぁーーーこの本を持ってイローーンなトコロへ。

２０２３年７月15日

前進友の会やすらぎの里作業所　江端一起

ヤッパリ言っていいかな

著者　江端　一起（えばた・かずおき）
1961年　奥越豪雪地帯の農家に生まれる
1980年　自衛隊に入隊と同時に、夜間大学に入学
1987年　労働問題で懲戒処分その後『発狂』そして精神病院入院（1回目）
1989年　前進友の会の夏レクに初めて参加、以来ずっと友の会の一員
2003年　今のトコロ最後の入院（5回目）
2004年　生活保護取得
現　　在　のトコロ、クスリを飲んで「小康状態」と人は言う
出版物
キーサン革命宣言（アットワークス社）2013年
バクチク本キーサン革命（人民新聞社）2000年
懲りない精神医療電パチはあかん！！（千書房）前進友の会編 2005年
「かけがえの前進」（ドキュメンタリー映画　原一男 CINEMA 塾
長岡野亜監督作品）2002年
天上天下「病」者反撃！～地を這う「精神病」者運動（社会評論社）
出版委員会編 1995年
連絡先
〒601-1433　京都市伏見区石田大山町 33-36
前進友の会やすらぎの里共同作業所

日ノ岡荘みんなの部屋の物語
精神病患者会作業所自治会をめざそう
精神病バンザイ !!!『働かない権利』を求めて
2024年3月31日　初版第1刷

著　者　江端　一起（前進友の会やすらぎの里作業所）
発行者　志子田悦郎
発行所　株式会社 千書房
横浜市港北区菊名5－1－43－301
TEL　045－430－4530
FAX　045－430－4533
振　替　00190-8-64628

ISBN 978-4-7873-0067-6　C0036